走向任务

基于任务驱动的高中语文选择性必修教学设计

洪方煜◎主编

北京燕山出版社
BEIJING YANSHAN PRESS

《走向任务》编委会

主　　编：洪方煜

副 主 编：张春梅　李巧云

编　　委：（排名不分先后）

前言

新课程课堂教学的现实制约与思考

新课程提出"学习任务群"的概念,主张以任务为导向,以学习项目为载体,整合学习情境、学习内容、学习方法和学习资源,引导学生在运用语言的过程中提升语文素养,提出了一整套构想与方案,这对于扭转学生不阅读、不思考的现状,培养学生比较思维、批判思维,提高审美与鉴赏等能力,有它的合理性与现实意义。

但"理想很丰满,现实很骨感",放眼当下课堂教学,其实现受到了诸多因素的制约,主要表现有如下方面:

一是学生一方应试的重压。新课程的大单元教学理念有其一个不可回避的前提——学生已通读了整个单元的教学内容,师生方可在课堂上进行探究,进行所谓的深度学习,课堂方可进行"阅读与鉴赏""表达与交流""梳理与探究"等活动。但在高考竞争日趋白热化的当下,学生要想进名校,分数才是硬道理,功利化的出发点,让他们没了静下来阅读的心境,更不要说抽出时间在学习之前细细品读整个单元的课文了。

二是教师一方惯性的抵制。众所周知,教师的职业是一项繁复的工作,需要繁重的脑力劳动的付出。在这套繁杂的工作体系中,老师尤其是有一定教龄的老师,不自觉地养成了一整套带有独特纹路的模式,这种模式不是说改变就能改变的。施行新课程以来，自上而下进行了各种形式的轰轰烈烈的培训，也曾触及老师们的灵魂，让他们"满血复苏"，但一阵子过后，回到学校那周而复始的工作，原先的那一套做法又逐渐冒出来，并在与新理念不断交锋中占了上风，其教学又不知不觉中走回了老路。

三是先行一方暴露的弊端。在一些全国性的场合，在许多贴上新课程观摩课、展示课等标签的课堂中，我们不无遗憾地看到，即使来自课改前沿省份的老师，所谓的大单元教学，不少课留给人的印象是东鳞西爪、东扯西拉、东张西望，是对课文生硬的肢解。理念是新，但过于碎片化，缺少对语言文字该有的品味。老师引领学生走马观花一番后，留下的往往是一地的鸡毛。

如何走出这样的现实困境，让新课标理念顺利落地生根？笔者以为，我们有必要对新课程课堂教学做些正本清源的思考，需要在教学内容、形式、策略、注意等方面做些强调与探索。

一、教什么：教对永远是第一位的

王荣生教授早在十多年前就提出"教什么"永远比"如何教"重要的论断，但在新课程铺开后，很多人却在前行中不时迷失了方向。这种迷失，主要有两方面原因：一是源于对任务驱动的浅表性理解：君不见各种活动的任务驱动纷至沓来：编散文选集、举办诗歌文化节、进行戏剧表演、设计红楼朋友圈……不可否认，这些设计确实激发了学生的积极性，但不少活动与文本内容风马牛不相及，完全偏离了单元教学任务，纯粹是为了任务而任务，使语文失去了学科的本质特性。二是源于"教材只是个例子"的误读。不少老师认为，既然是个例子，怎么用主动权掌握在自己手里，其结果，完全抛开了教材体系，自行确定教学目标与教学内容，教材编写者的一片苦心付诸东流。

部编版教材编写的一个重要特点，就是同样的任务群，在不同的单元中，会各有所侧重。同样是"文学阅读与写作"，有些侧重形象，有些侧重情节，有些侧重语言品味，有些侧重环境与人物的关系；甚至是同一单元的不同篇目中，其侧重点也有所不同：如"实用性阅读与交流"中，有些侧重事物说明，有些侧重事理说明，其教学内容必然有所差别。而在不少老师眼中，学小说,往往是三要素加上手法与主题欣赏,学说明文,则将重点放在说明特点、顺序与方法上,缺少对具体文本的深入解读与分析,将同一任务群的所有课文都上成了同一个模样。

对此,我们一定要研读课标与说明,充分利用教材提供的相关信息,确保教学内容正确。一般说来,单元导语提出了单元教学要求,明确了人文专题,规定了单元主要内容和教学目标;学习提示点明了教材的学习要点,也即温儒敏教授在编写时强调的抓手;单元学习任务确定了本单元学与教的重点,一般都有三个任务:任务一一般探讨人文价值,任务二侧重作品内涵挖掘,任务三则由阅读转向表达交流。

二、怎么教:落实新课标关键指向

新课标设计指向语文学科素养的学习任务,旨在引领教学方式的改进。具体而言,需落实如下几个关键词。

关键词一:真实情境。这里的真实主要是贴近学生的真实。笔者以为可以从三方面入手:一是贴近学生年龄的,如发朋友圈,设计连环画,都是学生这个年龄感兴趣的事物。二是切入当前生活的,如有老师以上课当天恰好是世界读书日为话题引入,让学生推荐世界名著,为名著设计封面,写推荐语,一下子将学生与生活紧密结合起来。三是与学生切实相关的,杜雪腾老师联系学生生涯规划,从如何寻找理想的大学引入,最后落脚到为学校的航拍写解说词,学生学得兴味盎然。

关键词二:整合意识。整合的基点是核心素养,整合的对象是教材,整合的目的是确定学习内容,进而变革学习方式,将学生的学习置于特定的情境中,以聚合的方式,避免问题的肤浅化、碎片化,增强学习的综合性、探究性、主体性,提高学生分析、判断能力的同时,重点关注学生思考问题的深度和广度,培养学生思维的广阔性、深刻性、独立性、灵活性与敏捷性,使语文学习的过程成为学生积极主动地探索未知领域的过程。

关键词三:任务意识。这是新课标区别于传统教学的最显著特征,以任务驱动学生开展各种学习,并以此组织各项活动,学生的学习效能得到最为充分的关注。设置任务时,要注重不同任务之间的有机联系。

关键词四:探究意识。无论是创设真实情境,还是整合文本设置任务,最终目的都是让学生真正参与课堂活动,改变原先满堂灌或满堂问的状况,让学生学会合作,深入探究,进行深度学习,并进入更高阶的学习——个性化阅读、批判性阅读。在这样的学习中,语文不再是肤浅地谈阅读感受,更在于思维的提升。

三、策略:学习与时间矛盾的解决

如前所述,当前的教育生态,让学生在课前花大量的时间熟悉课文很不现实。如何让学生在课前以较少的时间读懂教材,对相关内容作初步思考,摆在了老师们的面前,并成为了课堂成败的关键。概括起来,主要有两种做法:

一是学习前置。学习前置的最好形式是编写导学案,让学生有熟悉课文的路径,并让学生记下简单的阅读体验,将阅读、思考、表达结合起来,能很好地调动学生的多方面思维。柴静媛老师的《促织》和《变形记》联读,课前让学生填写表格,将学生阅读的重点引向对人变虫描写角度、特点、意义的思考,为课堂的讨论奠定了坚实的基础。华伟臣老师让学生结合课文内容,选择从三个封面中选一个并说明理由,给名著写推荐语,让学生细细通读了课文相关内容,因学生的充分准备,整个课堂如行云流水,开合自如。

二是激发兴趣。我们对学生的学习压力过大、课务繁重认识其实有个误区,以为学生花在学习上时间过长就是压力,其实,真正的压力在于学生对学习丧失了兴趣,源于他们整天忙于刷题,学习缺少主动,更缺少探究。实际上,国外的很多学生,为了完成作业,阅读书籍,翻检资料,经常要忙到下半夜。但他们却感觉不到学习的压力,究其原因,在于他们的主动,对所做作业有着莫大的兴趣。这就要求我们所设计的导学案,或有探究价值,或能激发兴趣,能很好地吸引了学生主动参与其中,让学生在不知不觉中完成了文本的熟悉与梳理工作。

四、注意:设计中不可回避的元素

无论新课标的风往哪个方向吹,语文仍姓"语",语文课真正的一些属性不会改变,我们不能因为大单元、大整合而放弃了语文的本质,大搞运动。从本次研讨活动看,上课老师自觉关注了以下这些元素。

1. 品读语言文字

四大核心要素中,语言是切入点,是根本。抛开语言空谈思维、文化、审美,只能是缘木求鱼。这一点,柴静媛老师的课堂表现得极为充分,《变形记》一文中,师生对"就""温柔""又""催""抱怨"等语言的品读中,逐步深入到家人的心里,进而品味家人态度的改变,一步步读出了"变"的多重内涵。而方香椿老师则通过一些细节、道具深入到林冲的心里,深入浅出地读出了林冲的"熬",突出了林冲一步步被逼上梁山的过程。

2. 任务不宜过多

传统教学要设计主问题,新课标背景下需创设任务,这两者有着本质区别,但在数量上有相同的要求:任务不宜过多,否则学生的探究无法深入,课堂容易陷入走马观花的困境。这方面,所选的课例都设置了两到四个任务,真正让学生动了起来,切实提高了学生的学习能力与思维能力。

3. 适当引入支架

在完成任务过程中,老师对学生的完成能力是否胜任要有一定的预判。如果学生完成任务确实有难度,老师需适当引入支架,通过"垫一垫"或"搭把手",让学生能上得去,够得着。杜雪腾老师在比较纯文本表达与跨媒介表达的时候,引入了一张表格,让学生比较两者呈现的内容、选择的媒介、媒介的特点三方面的异同,学生在完成表格中,对跨媒介的优劣有了较全面的了解。

4. 问题不宜琐碎

从近一年的新课程实践来看,许多老师对问题与任务的区分还不甚清楚,错把问题当任务的现象还比较严重,其结果,课堂的展开不是靠任务驱动,而是靠提问来推进。其实质是打着任务的幌子,走的还是满堂问的老路,学生疲于应付,思考流于肤浅,思维得不到应有的提升。本书入选案例的老师很好地规避了这些方面的问题,所有任务都围绕核心任务展开,衍生的问题做到了在一个逻辑链上层层推进,即使学生难以理解,也只是相机点拨,使得课堂不失之沉闷,也不流于表面的热闹。

5. 拉近学生距离

理想的课堂,老师是指导员、陪练员,引导学生向既定的路径行进,师生之间不应有"隔",课堂在一个宽松自如的氛围中完成相关任务。这需要施教者掌握一定的技巧。本书中许多老师深谙此道,展示学生绘制的连环画,让学生获得成就感;及时发现学生制作朋友圈的创意,不吝表扬;更多的老师,细节中满溢对学生的尊重……这些做法,都使得课堂上师生关系融洽,为完成既定任务奠定了很好的基础。

6. 注意扬长避短

作为各地有影响的老师,五位老师的上课都有自己的绝活,名师之"名",首先要扬己之长,并形成自己的风格。有些老师善于文本解读,其对文章细节的品读,让我们深为叹服。有些老师擅长绘画,在课堂上经常将之与教学设计有机结合,这节课的连环画创意正彰显了她的特长。有些老师擅长于经典文章的现代解读,并一直致力于这方面的研究,这次的朋友圈创意正是他研究成果的体现……

7. 贵在学有所得

教学的真正意义,在于学生在课堂上学有所得,兴趣的,习惯的,或者是思维的、文化的、审美的……我们中的有些老师现身说法,运用表格的形式,让学生懂得了比较梳理的方法;有些老师激发了学生沉睡的美感,在课堂中巧妙渗透了道德教育;有些老师的课堂让学生懂得如何制作规范而有底蕴的朋友圈;有些老师则让学生明白了如何向人推荐经典著作……

总而言之,本书入选的所有案例,都将学习置于切近学生的真实的语言情境中,以任务驱动学生学习,在深度学习中完成了学生语文素养的提升,很好地贯彻了工作室与新课程共成长的宗旨。

参考文献:

[1] 王荣生.听王荣生教授评课[M].上海:华东师范大学出版社,2007.8.

[2] 叶圣陶.叶圣陶教育文集[M].北京:人民教育出版社,1994.

目 录
Contents

中 篇

下 篇

上篇

朴实与真实：战争叙述的选择

——《大战中的插曲》任务群教学探索

一、学习目标

1. 厘清行文线索，理解"插曲"的含义，品味伟大的革命人道主义精神。

2. 思考作者救助日本小姑娘并致信日本官兵的深刻用意。

3. 理解文本的叙述方式、角度、语言、材料的选择及作用。

二、课堂导入

　　新冠疫情大流行已经进入第三年，俄乌战场至今轰炸不断，美国仍在世界各国强硬挑衅，现实让大家越来越认可这样一句话：我们不是生在一个和平的年代，而是生在一个和平的国度。正是因为我们曾经长久地陷入战争泥淖，我们才更能认识到和平的可贵。因为，即使在旧中国，帝国主义入侵的那段战火纷飞、人民苦难的日子里，我们的先辈也从未放弃追求和平，正义的抗争和人性的美好也从未缺席。

三、具体任务

任务一：标题即主题

1. 什么是"插曲"(本义,语境义)? 这个故事为什么被比喻成"插曲"?

"插曲"本来是穿插在电影、话剧中较有独立性的乐曲,后来比喻事情发展过程中临时发生的小事件,在文中指作者救助日本小姑娘并致信日本官兵的事情。

之所以被比喻成"插曲",是因为战争是那个年代的主旋律,救助小姑娘是战争过程中发生的小事件。

2. "插曲"中最打动你的细节是什么?

第2段:我答复他们"立刻把孩子送到指挥所来"。

第4段:一系列的动作描写——抱起……看到……嘱咐……护理……看看……牵着……拿来……冲洗……　不肯吃……冲洗……才接……

第5段:拉……喂……

第6段:常常用小手拽着我的马裤腿。担心孩子在路上哭,在筐里堆了许多梨子。

3. "插曲"为什么成了"佳话"?(注意梳理角度)

从美穗子角度,她的生命得到拯救;而美穗子后来致力于积极促进中日友好。

从日军角度,对敌军进行政治工作,宣扬了和平与人道主义精神;促进了战后旧军人积极反省与日军的积极反战。

从日本人民角度,这次人道主义救助使他们更感激中国的做法,追求中日两国和平愿景。

从八路军和共产党角度,这是一次很好的宣传,既得民心,也能得到敌人的尊重。

任务二：叙述即选择

战争题材的小说叙述往往有作者的独特个性与主观选择。有的战争小说选择激烈残酷的战火硝烟枪林弹雨的宏大场面,有的选择主人公聪明机智百战不殆的个人英雄主义,有的选择饱受摧残无可奈何的底层小人物,有的抛弃"不可承受之重",另辟蹊径,用"含泪的微笑"来表述,《大战中的插曲》选择了怎样的叙述?

1. 根据课文内容,完成下面表格。

表1　叙述选择

	叙述视角	叙述方式	叙述语言	作者身份	主人公身份	文体	主题
大战中的插曲	第一人称有限视角将军视角	倒叙顺叙插叙	叙述朴实无华,信件典雅庄重	将军	将军,日本孤女	回忆录	大战中的革命人道主义
百合花	第一人称有限视角文工团小姑娘视角	顺叙	清新俊逸,富有诗意	女作家	小通讯员农村新媳妇	小说	战火中的青春美,人性美,军民情

2. 分组讨论,谈谈同样是战争故事,为什么会有这些叙述上的区别?《大战中的插曲》在叙述选择上有什么特点及作用?

补充资料:

(1)叙述视角的选择

①小说故事的叙述和主题的表达,都离不开一个重要的叙述视角,那就是文中的"我"。

②小说中的"我"决定了故事发生的地点、涉及的人物、经历的过程、表达的主题。

③小说中的"我"让故事更加真实亲切,拉近与读者的距离,便于直接抒情。

④回忆录中的"我"代表的是一种立场和态度。

(2)叙述方式的选择

《大战中的插曲》采用了多种叙述方式。

①(开头)倒叙,引出回忆:设置悬念,激发读者的阅读兴趣;与结尾形成

呼应,使文章结构完整。

②(中间主体)顺叙:讲述故事发展经过,脉络清晰,易于读者理解。

③插叙(一个叫中西的日本兵):起到了解释说明的作用,丰富了故事内容。

(3)叙述语言的选择

①故事叙述朴实无华(共产党人的赤子之心,淳朴本色)

②信件语言典雅庄重(读书人的学养丰厚,共产党人的从容自信)

聂荣臻,1899年12月29日出生,7岁入私塾接受启蒙,1910年正式进学堂读书。1917年夏天,聂荣臻以优异成绩考入江津县立中学。聂荣臻广读博览,从达尔文的《进化论》、赫胥黎的《天演论》和进步杂志《新青年》中吸取政治营养。于1919年赴法勤工俭学,并积极投身旅法学生运动。1922年,聂荣臻转赴比利时就读于沙洛瓦劳动大学化学工程系。1924年10月,聂荣臻奉命进莫斯科东方劳动者共产主义大学学习,后转入苏联红军学校中国班学习军事。

(4)叙述材料的剪裁

回忆录以叙述为主,为什么要全文引用信的原文?

情节结构上:

①给日本军人写信是"大战中的插曲"这一故事中最重要的组成部分。

②为下文日方感恩中国做铺垫。

③与下文写战后日本人民和参加过侵华战争的日本旧军人的反省和悔过形成照应。

内容上(人物、主题):

①这封信是聂荣臻主张在战争中重视对敌人开展政治工作的体现,有助于全面、深刻地表现聂荣臻的形象以及其政治、军事思想和主张。

②信中提到的"国际主义之精神"是对文中所说的"革命人道主义精神"的补充与佐证,保留信件原文有利于宣扬和彰显八路军奉行的革命人道主义精神。

③与日军行为形成对比,谴责日本军国主义的残暴。

表达效果上：更加真实，更加完整。

3. 你的叙述就是你的选择。叙述视角、叙述语言的不同，决定了叙述效果的不同。请你以小女孩的口吻，以美穗子的童年视角，重写关于这段经历的回忆录。要求符合人物年龄、身份、性格、经历等。

任务三：战争叙述的残酷与温情

你知道中国历史上一般怎样对待战俘？二战中其他国家怎样对待战俘？纵向和横向比较之后，你怎么看待这首"大战中的插曲"？

参考资料：上网搜索"古代如何对待战俘""二战结束后，中国如何对待日本战俘""二战期间，日军如何对待中国战俘""二战中，各国如何对待战俘"？

四、本课小结

聂荣臻将军具有崇高的革命人道主义精神和传统的至仁至善品质，具有政治家、军事家的远见卓识，具有如山般厚重、金子般明亮的慈父之心，又兼有无产阶级的朴实真诚与传统文人的典雅凝练，所以有了这样一篇独具个性的战争叙述，一段"残酷大战中的温情插曲"。

（李秀娥）

正言顺意　嘉名以励

——打造富有《论语》气息的班级文化

一、学习目标

1. 通过预习理解文中重要的文言实词、虚词、特殊句式等。

2. 理解《论语》中出现的"君子、仁、礼、乐、道、义、恕"等核心概念，认识人物观点的价值与意义。

3. 体验、欣赏"君子、仁、礼、乐、道、义、恕"等观点的内涵美及人物精神品质之美。

二、课堂导入

我校是《论语》文化特色学校，在校学术文化节来临之际，学校要求各班基于《〈论语〉十二章》进行班级文化打造，建设富有文化气息的特色班级。

三、具体任务

任务一：取班名

1. 如果要为我们班定个班名，基于《〈论语〉十二章》你会定什么？请说说你的理由。

【预设】

学生1：道正，到有道的人那里去匡正自己。

学生2：闻道，执着追求真理。

学生3:思齐,向有德行的人看齐。

学生4:弘毅,志向远大,意志坚强。

学生5:恕,推己及人。

……

2. 在刚才大家定的这些班名中,有一个好像有点不一样,大家觉得是哪个?

明确:孔子积极向上,总是引导我们去"做什么",他讲究"中庸",很多观点都是辩证的,甚至是变化的,要具体问题具体分析。但当子贡问有没有一句话可以终身践行时,他说的却是"不要做什么",他给出的答案非常明确"其'恕'乎! 己所不欲,勿施于人"。"恕"是推己及人的意思,即《礼记》所谓"絜矩之道":"所恶于上,毋以使下。所恶于下,毋以事上。所恶于前,毋以先后。所恶于后,毋以从前。所恶于右,毋以交于左。所恶于左,毋以交于右。"恕和忠是孔子仁爱思想的一体两面。《里仁》篇载孔子与曾参对话:

子曰:"参乎! 吾道一以贯之。"曾子曰:"唯。"子出,门人问曰:"何谓也?"曾子曰:"夫子之道,忠恕而已矣。"

何谓"忠"?《雍也》篇载孔子和子贡的另一次对话;

子贡曰:"如有博施于民而能济众,何如? 可谓仁乎?"子曰:"何事于仁,必也圣乎! 尧舜其犹病诸! 夫仁者,己欲立而立人,己欲达而达人。能近取譬,可谓仁之方也已。"

可见,"忠"是"己欲立而立人,己欲达而达人",这是积极进取的道德,不是谁都能做到的,故本章言"恕"不言"忠"。

任务二:定主流

1. "忠"是积极进取,"恕"是处事底线,如果现在我们只能在这两者中选一个作为我们班级的主流文化,你会选哪个?

【预设】

学生1:忠,无论是"就有道"还是"弘毅",无论是"朝闻夕死"还是"见贤思齐"孔子想要培养的都是那种"不惑""不忧""不惧"的勇往直前、积极进取、勇于肩负社会责任的君子。也正是这些勇往直前、积极进取、勇于肩负社会责任的君子,我们的社会才不断发展。

学生2:恕,从《论语》中我们可以知道,能做到"己欲立而立人,己欲达而

正言顺意 嘉名以励

达人"的是仁人,仁人之上的是圣人,那是一种很高的境界,作为我们绝大多数人,做好底线要求就够了,不以己度人,不强加于人,时刻将"恕"刻在心里,谨记"己所不欲,勿施于人"。所以子曰"克己复礼",我们要约束自己,使之归复于礼。

2. 孔子说"己所不欲,勿施于人",这是值得充分肯定的,但孔子为什么不说"己所欲,施于人"呢?

明确:因为人的所欲是不一样的,我们要尊重人们不同的兴趣、习惯和生活方式。

任务三:展风采

学校将在学术文化节开幕式上进行班级风采展,现要求各班按照以下格式将展板内容撰写好后上交。请你基于你取的班名和定的班级文化进行撰写。

格式如:

高一(1)班　**班名:**"弘毅班"

班级文化:"士不可以不弘毅,任重而道远。仁以为己任,不亦重乎?死而后已,不亦远乎?""弘毅"意为"志向远大,意志坚强",这是行动的基础,成功的重要条件。

班级宣言:四季变化有序,而胜利的曙光在天际闪耀,理想的朝阳绽放七彩的光芒。我们是00后,我们向着天空诉说"初生牛犊不畏虎"的勇敢,我们向着大地诠释百折不挠的毅力,我们向着海洋展示逆水行舟的奋斗之旅,一切只因我们还年轻。"宝剑锋从磨砺出,梅花香自苦寒来",我们试着用热血拥抱完美的青春,用奋斗拥抱胜利的曙光,用生命拥抱理想的朝阳。志向远大,意志坚强! 看! 我们用热血的青春肩负起时代的使命!

四、课堂总结

这节课我们通过《〈论语〉十二章》进行班级文化打造,努力还原当时的语境,促进我们对《论语》文化的理解。我们通过"取班名"理解了《论语》中出现的"君子、仁、礼、乐、道、义、恕"等核心概念,认识到人物观点的价值与意义;通过"定主流"体验、欣赏"君子、仁、礼、乐、道、义、恕"等观点的内涵美和人物的精神品质之美;通过"展风采"来实现学以致用,努力达成知行合一。

(何丹丹)

人性向善　生命向上

——探《大卫·科波菲尔》中米考伯夫妇的形象及意义

一、学习目标

1. 结合课文中的具体描写,分析典型人物的性格特点和典型意义。

2. 关注小说中的心理描写,把握其在塑造人物、推动情节上的重要作用。

二、课堂导入

在《人类简史》中有这么一段描述,早在远古时期,人类分成两支:智人,也是咱们的先祖之一;尼安德特人,他们已经灭绝。打猎的时候,尼安德特人说,我们去森林打兔子,可智人却说,咱们去森林里找仙女吧。各种行为仪式、情感、表达让我们这个群体凝聚在一起,变得更有力量。喜欢故事,是人的天性,讲好故事是一种力量。今天,我们就来讲讲米考伯夫妇的故事。

三、具体任务

任务一:做选择,定结局

你来讲故事,你想给米考伯一家哪一种结局。

A. 米考伯先生被释放,获得自由;最后获得一笔财富,过上幸福生活。

B. 米考伯先生被释放,获得自由;最后在穷困潦倒中悲惨地死去。

明确:狄更斯的人道主义精神——善有善报,好命运赋予那些道德上的正面人物。初步感知人物形象,米考伯夫妇是狄更斯笔下的正面人物还是负面人物,作出判断和选择。

任务二:找依据,析性格

狄更斯的人道主义精神:善有善报,好命运赋予那些道德上的正面人物。米考伯夫妇在道德、性格上是正面人物还是负面人物呢,根据文本,做出分析评论。见表格1。

表1 人物分析

概括(段落)	具体描写(细节)	分析性格 (正面人物/负面人物)
外貌服饰	鸡蛋脑袋、大脸盘、三件套 ……	爱慕虚荣、体面自尊
话风	简而言之、跟我爸爸妈妈在一起、 "有朝一日,时来运转"……	不切实际、迂腐;热心善良
面对困境态度 (烟火气)	哼哼曲子、烟火气(吃吃喝喝)、 理财之道……	乐天知命、盲目乐观
工作能力	跑街招揽、青年女子寄宿学舍……	工作能力低下
人际关系(人情味)	夫妻关系　主仆关系、与大卫平等 情谊	真诚、善良、充满爱
……		

1. 分歧一:米考伯先生"三件套"

依据"明明……却""虽然……但是"的句式,辩证分析人物性格。

参考课文(第6段)

【明确】米考伯先生明明一贫如洗、债台高筑,却要装得气派,装得文雅,装成上流贵族,可见他爱慕虚荣,爱讲排场。米考伯先生虽然家境贫困,身处底层,但仍追求体面,追求修养有名望,可见他自尊自爱。虽然追求体面和修养无可厚非,但不切实际地追求所谓的体面,仍是爱慕虚荣。

2. 分歧二：米考伯先生的"简而言之"

压缩语段，将下面这段话压缩成一句话（字数不超过25字），并比较分析人物性格。

参考课文（第16段）

米考伯先生说："你初来伦敦，也许会迷路。今晚我给你指条近道。"

【明确】米考伯先生总喜欢用"游历""现代巴比伦""简而言之""以便"等生僻、文绉绉的词语，可见其爱卖弄学问，装成文雅，实际上说话不看对象，不切实际，显得迂腐。米考伯先生总喜欢用"也许""似乎"等带委婉商量语气的词语，特别是喜欢用"你"，处处站在对方角度考虑问题，可见其亲切语气的背后是一颗热心真诚的善良之心。

3. 分歧三：米考伯夫妇能屈能伸

转换视角，补写独白（联系上下，符合情境）

参考课文（第32段）

【明确】当面对鞋匠上门逼债，骂其"不要脸""强盗""骗子"，米考伯先生羞愧得无地自容。他想："我实在是太没面子了，而且这鞋匠也不容易啊，上次买了鞋子，到现在还没有还债。但是，也不用发愁啊，有朝一日，时来运转。我现在就体面地出去，说不定就能招揽一笔不错的生意，这样不就可以还上了。"

【明确】当财产被法院没收时，米考伯太太急得死去活来，心里想："这可怎么办呢？米考伯先生的困难走到尽头了，家里都没有什么可以用来买食物了。但是，幸好昨天刚卖了一些家具，买了牛排，晚餐有着落了。而且米考伯先生也一定会想办法的。如果真的不行，我的爸爸妈妈和我的朋友们也会来帮助我们的。"

4. 分歧四：米考伯先生的"理财宝典"

问题探究：财富与快乐

参考课文（第47段）1镑＝20先令，1先令＝12便士　6便士是英国价值最低的银币。

问题：米考伯先生认为，收入相同的情景下，如果剩余六便士，就是快乐；若多花了12便士，就是痛苦。你认同这种理财观吗？结合下列表格，分析不同理财方式的内在本质。

【明确】见表格2

表2　理财分析

财富处理方式	剩余很多	剩余六便士（米考伯）	超前消费（月光族、借债度日）	猜一猜（还有其他的吗）
本质	忧患、勤俭／守财、金钱奴隶	知足常乐、得乐且乐／缺乏忧患	追求生活／奢靡享乐,活在还债的路上	创造财富、追求快乐

任务三：探问题,定主题

1. 梳理大卫对米考伯一家态度,探究米考伯一家给深陷人生寒冬的大卫怎样的影响? 见表格3。

表3　人物影响

概括(段落)(当米考伯一家……)	大卫的态度
不怕麻烦来领我(7)装文雅(23)	全心全意道谢;表示更多敬意
米考伯先生的困难(34)	心里总压着米考伯先生的债务负担
米考伯太太对我诉说起最伤心知心话(34)	星期六的晚上是我最高兴
什么吃的都没有(40)	真心实意地要求太太收下我剩有两三先令
米考伯太太没法分身去典当餐具(43)	每天早上主动帮忙典当
米考伯先生入狱时(45)去探监(47)	我的心也碎了;我们大哭一场
新寓所在监狱大墙外不远的(51)	跟米考伯一家患难与共,舍不得分开了
白天工作,晚上,我又回到监狱里(52)	跟米考伯先生在运动场来回走动散步,有时则跟米考伯太太玩纸牌,听她讲她爸妈的往事。

2. 问题探究:对比表格1与表格3,我们发现:读者评价米考伯夫妇正反参半,但小大卫却看到他们人性中的善良与爱,并用善意去体恤他们,帮助他们。而且作者最终给予他们美好的结局。为什么?

【明确】从米考伯夫妇的角度上,虽然爱慕虚荣、不切实际、挥霍无度,但在本质上,面对困境秉持善良,充满乐观。从大卫的角度上,米考伯一家给予大卫家的温暖,家人的关爱和信任。同时让大卫学会用善良去体恤、帮助他们,获得生命的成长。从作者创作意图上,狄更斯相信善良可以创造奇迹,善良的人可以把生活中黑暗变成光明。当处于人生寒冬时,当面对困境时,不要让恶滋长,千万别把善良挤走,别让善良缺席,这样生命才能向上发展,世界就会变得温暖。

四、课堂总结

狄更斯曾说,善良创造奇迹,善良的人把生活中黑暗变成阳光!同学们,在成长的路上,向善向上就是生命成长的样子。丹尼尔·平克在《全新思维》中提到,故事力是决胜未来的六大能力之一。真诚地希望同学们在人生路上都能谱写属于自己的精彩故事。

(陈海芬)

人性向善 生命向上

被侮辱与被损害的女性形象

——基于真实情境的《复活》《雷雨》学习任务群设计

一、教学目标

1. 预习梳理《复活》情节,与《雷雨》进行对比分析。

2. 通过不同时期玛丝洛娃形象的对比分析,探究人物在困境中的变化过程。

3. 拓展了解"复活"的典型意义以及"托尔斯泰主义"。

二、课堂导入

在小说《复活》的开头,作者这样写道:"女儿玛丝洛娃的身世极其平凡。"那么,这位有着极其平凡身世的女性经历了什么? 如何评价玛丝洛娃这一女性形象的价值? 小说以《复活》为题,有哪些特别的意义? 让我们带着这些任务进入课堂。

三、具体任务

任务一:情节——相逢应不识

活动 1. 概括情节

如果你看过《复活》,请你用最简洁的语言概述小说主人公玛丝洛娃的身世,如果没有看过,那请你概括选文部分的内容。

示例:小说主人公玛丝洛娃本是贵族地主家的侍女兼养女,她被主人的侄子、贵族青年聂赫留朵夫公爵诱奸后遭到遗弃。由此陷入了苦难的生活，她怀着身孕被主人赶走，四处漂泊，沦为妓女达7年之久。后来被人诬陷谋财害命而被捕入狱。

……

本课节选自第一部第四十三章。担任陪审员的贵族聂赫留朵夫在法庭上发现玛丝洛娃正是自己年轻时抛弃了的姑娘，良心深受谴责，经过痛苦的思想斗争，决定去监狱探望玛丝洛娃，祈求宽恕。

活动2. 对比情节

活动：将《雷雨》和《复活》情节进行对比。

表1　情节对比

女性形象	身份	经历	重逢不识	相貌变化	孩子	金钱
《复活》玛丝洛娃	贵族地主家的侍女兼养女	被主人的侄子聂赫留朵夫公爵诱奸后遭到遗弃	地点：法庭上。玛丝洛娃一开始没有认出聂赫留朵夫	聂"望着她那张变丑的脸"	孩子生下来就死了	主动讨要10个卢布
《雷雨》鲁侍萍	地主家的女仆	和主人的儿子周朴园"相爱"生育两个儿子后被赶出家门	地点：周朴园家中。周朴园一开始没有认出鲁侍萍	"侍萍的相貌有一天也会老到连你都不认识了。"	大儿子留在周家小儿子抱走了	撕碎支票，并说"我这些年的苦不是你那钱算得清的"。

男女相爱，始乱终弃，多年以后在某一处重逢。这样的桥段在文学作品中颇为常见，让我们不由得想起话剧——《雷雨》，《雷雨》和《复活》选文中共同出现的情节有哪些？都出现了重逢，都不是一下子就认出了对方。都点到了女主角相貌的变化，"你自然想不到，侍萍的相貌有一天也会老到连你都不认识了"和"聂赫留朵夫望着她那张变丑的脸"。都提到了他们的孩子，侍萍的孩子抱走了，玛丝洛娃的孩子死了。最有意思的是，都涉及到了金

钱。当周朴园取出皮夹的支票,想用一张五千块钱的支票弥补自己的一点罪过的时候,鲁侍萍接过支票,慢慢地撕碎支票,说出一句"我这些年的苦不是你那钱算得清的"。将两人重逢这一情节推向情感的高潮,让我们看到一个虽然贫苦,却自尊、自强的女性形象。有意思的是,《复活》中也有涉及金钱的内容,那我们看到的又是怎样的一位女性形象呢?

设计意图:通过"身世极其平凡"导入,让学生初步了解《复活》整本书内容框架。通过和《雷雨》相似情节的比对,得出两位女性身上的异同点,特别是最后一部分两位女性对于金钱的不同做法,引起学生探讨分析玛丝洛娃人物形象的兴趣。

任务二:选文部分女性形象分析——困境中挣扎

活动1. 作者是如何刻画玛丝洛娃这一女性形象的?

作者将重点放在动作描写上,三个动词"伸、抓、塞"一气呵成,动作熟练,迅捷,刻画出一个狡诈、贪婪、世俗的妓女形象。在塑造人物形象上,除了动作描写,作者还运用了外貌和神态的描写,集中在"眼"和"笑"上。鲁迅先生说:"要极省俭地画出一个人的特点,最好是画他的眼睛。"在描写玛丝洛娃的眼睛时,作者多次用到"乌黑发亮",说明眼睛非常漂亮吸引人,"妖媚"一词又符合她的妓女身份,出现最多的是"斜睨",是对人的冷漠,敌视,暗示她生活的不幸。对笑的描写也很丰富,微笑,媚笑,特别是媚笑,人物习惯性地职业性地笑,不以妓女身份为耻,甚至引以为荣,读来令人心酸。作者通过动作、外貌、神态等细节描写,为我们塑造出一位个性立体的女性形象。

活动2. 你喜欢这样的女性形象吗?

这是一位复杂的女性形象,她美丽中透着辛酸的经历,纯洁中带着堕落的痕迹。因为其人物形象的复杂、立体。为了刻画出理想的人物形象,作者也是几易其稿。一开始写的是"她是个瘦削而丑陋的黑发女人,她所以丑陋,是因为她那个扁塌的鼻子""高高的个子,带着凝神和病态的样子""一个矮个子的黑发女人,与其说她是胖的,还不如说她是瘦的。她的脸本来并不漂亮,而在脸上又带着堕落的痕迹"。这样绘写囚犯玛丝洛娃的出场肖像,尽管突出了她的堕落,但是让人难以想象,一个相貌"丑陋",鼻子"扁塌"的姑娘,当初怎么能够吸引贵族公子聂赫留朵夫,作者自己也不满意,打算写得漂亮一些,于是改成:"美丽的前额,卷曲的头发,匀称的鼻子,在两条平直的眉毛下面,长着一双秀丽的黑眼睛。"改写后的玛丝洛娃的确很美,可那饱经忧患,备受摧残的辛酸的经历消逝了,同样违反了生活真实,托尔斯泰又毫不吝惜地将它废弃了。经过前后二十次的反复推敲,我们才在定稿中看到了作者呈现的玛丝洛娃的真正形象。

活动3. 人物形象刻画——贴着人物写。

表2 人物描写

三个时期	纯洁的玛丝洛娃	堕落的玛丝洛娃	复活的玛丝洛娃
外貌描写	"最美丽的却是穿着白色连衣裙、系着浅蓝色腰带、黑头发上扎着红花结"的玛丝洛娃。身段苗条、步履轻盈,一双小手"粗糙而有力",脸上经常荡漾着笑容,两片红嘴唇"妩媚可爱""温顺的,贞洁的,热爱的,略微有点斜睨的眼睛""快活得发亮"。	"她是个瘦削而丑陋的黑发女人,她所以丑陋,是因为她那个扁塌的鼻子。""高高的个子,带着凝神和病态的样子。""她的脸本来并不漂亮,而在脸上又带着堕落的痕迹。" "美丽的前额,卷曲的头发,匀称的鼻子,在两条平直的眉毛下面,长着一双秀丽的黑眼睛。" "一个个儿不高,胸脯丰满的年轻女人,身穿白衣白裙,外面套着一件灰色囚袍,大踏步走出牢门……头上扎着一块白头巾,显然有意让几绺乌黑的鬈发从头巾里露出来。"	玛丝洛娃消瘦了,晒黑了,仿佛苍老了似的。她的两鬓和嘴角露出细纹,她不再让一绺头发飘到额头上来,而把头发都包在头巾里。

在《复活》中,为了凸显女主人公玛丝洛娃纯洁、堕落、复活三个时期的生活经历和思想性格,使其更加鲜明生动,小说家从人物自身特点出发,精心绘制了三幅逼真的肖像画:"纯洁的玛丝洛娃","堕落的玛丝洛娃","复活的玛丝洛娃"。"纯洁的玛丝洛娃",如果说"温顺的、贞洁的、热爱的""快活得发亮"的眼睛,突现了她的淳朴、善良、热情、乐观,那么"粗糙而有力"的手既显示了她的勤劳,又表明了她那婢女兼养女的特殊身份,十分精致。"复活的

玛丝洛娃"写得也很精彩、别致,堕落时的轻浮、放荡一扫而光,站在读者面前的又是一个端庄、诚实、善良的劳动妇女。这三幅肖像画画面清晰,层次分明,富于变化,从而构成可见可感的连环画似的肖像系列,给小说增添了无穷的魅力。女主角不一定就要漂亮,但是要符合人物身份、经历,要有鲜明的个性,贴着人物写。

设计意图:对人物形象进行赏析是本课重点,这一部分通过玛丝洛娃对金钱的态度入手,激趣引入对人物形象的分析,引导学生关注人物动作、语言、神态、外貌等一系列细节描写的分析,着重分析人物的"斜睨"的眼睛,让人物形象变得立体、丰满、可感。通过活动二、三的设计,感受大师在塑造人物时严谨的态度,同时进行写法指导——贴着人物写。

任务三:小说主旨探讨——升华中救赎

活动1. 结合"复活"主题,探讨定稿结尾安排的妙处。

小说结尾:……当所有的努力都无效时,玛丝洛娃被押送去西伯利亚,聂赫留朵夫与她同行。途中,传来了玛丝洛娃减刑的通知,苦役改为流放。这时的玛丝洛娃还爱着聂赫留朵夫,面对聂赫留朵夫的求婚,她选择与政治犯西蒙松结合。

小说前后写了十年时间,创作过程中几易其稿,作者总不满意自己写的东西,小说最初构思:聂赫留朵夫在道德上醒悟过来,认识到自己的罪过,于是,带着悔罪的心情,牺牲了自己的社会地位,跟玛丝洛娃结为夫妇,两人婚后一起侨居国外,过着幸福的生活。

按照最初的构思,复活的是男主角聂赫留朵夫,通过对玛丝洛娃的救赎,他本人失落的人性逐渐复归,道德得以不断自我完善。而最终定稿的安排,复活的不仅仅是男主角,还有玛丝洛娃,通过自我牺牲,让我们看到了人性和尊严的复活。

让我们再回到开头:"女犯玛丝洛娃的身世极其平凡。"如何理解其中的"极其平凡"? 说明在当时的社会非常普遍,鲁侍萍和玛丝洛娃有着相似的遭遇,还有杜十娘、茶花女、苔丝……这些都是被侮辱、被损害的女性,他们的共同经历都是身处困境,她们以自己的欢笑、哭泣、真诚、苦痛感动世人。所以,你觉得是什么让她们得以救赎?

塑造这些人物的价值在于：我们在这些人身上看到了自尊、自爱、自强，虽然最终命运走向并不相同，但女性对生活的热爱，对生命的礼赞，对真爱的追求应该是一样。

设计意图：通过不同结尾的安排展示，让学生体会最终定稿结尾安排的妙处，小说主旨也在此得以显现，这些被侮辱、被损害的女性，在人生道路上虽然遭遇到不公平的待遇，始终坚持同命运抗争。虽然人生结局不同，但这些女性身上的自尊、自爱、自强不息的精神是相同的。

活动2. 拓展——何为托尔斯泰主义

表3　《雷雨》《复活》比较

	《雷雨》鲁侍萍	《复活》玛丝洛娃
个人经历	被侮辱　被损害	
堕落原因	个人　社会	
觉醒契机	恨	爱

如果说鲁侍萍重逢周朴园前还带有一丝丝幻想的话，那么最后使她真正幻灭的应该是周朴园的一句呵斥"你来干什么"？这是一种雷雨式的狂风骤雨式的警醒。再来看看《复活》，和《雷雨》相反，女主角玛丝洛娃的复活之路，离不开自尊、自爱，同样也不能忽略聂赫留朵夫的精神感召，这是一种和风细雨式的救赎。这是爱的力量。在《复活》中托尔斯泰通过男女主人公的复活经历表达爱的力量可以救人，能够让人获得新生这一主张，人们称之为"托尔斯泰主义"。

设计意图：通过两篇课文中女性觉醒契机不同的对比，引导学生体会托尔斯泰主义所表达的"爱的力量是无穷的""心存人性，有可能真正实现灵魂的复活"。

课后练习："一语话神韵"

学校文化长廊准备展示一批文学作品中的女性形象，请你参照以下人物，为《复活》女主角玛丝洛娃写一句介绍语，可以是作品中的语言，也可以是你模仿她的口吻写一句有代表性的语句。

鲁侍萍:"命,不公平的命指使我来的!"

简·爱:"我们的精神是平等的。"

设计意图:通过课后练习,学生可以在选文中或者在全文中寻找一句最具代表性的话语,进一步强化学生对玛丝洛娃这一女性形象的认识。

四、课堂总结

我们在《复活》中看到了玛丝洛娃对生命的热爱,聂赫留朵夫对人性的追求,这是男女主人公双双复活。玛丝洛娃是托尔斯泰主义的验证者,她的悲惨遭遇与精神复活,体现了托尔斯泰主义"道德的自我完善"和"博爱"等思想。《复活》寄托了托尔斯泰的关于人性的理想,也可以说是托尔斯泰精神的复活。

(林 玲)

冰山威兮　刚毅如彼
——老人与海之"硬汉"精神探析

一、教学目标

1. 品味内心独白,深入理解并感受"硬汉"形象。
2. 分析人物形象,深入理解海明威的"冰山理论"。

二、课堂导入

海明威一向以文坛"硬汉"著称,他笔下的人物大多是百折不挠的硬汉形象,尤以《老人与海》中的桑提亚哥最为典型。《老人与海》(节选)主要内容是写老人与鲨鱼的五次搏斗。

三、具体任务

任务一:感受"硬汉"形象
活动1. 快速浏览课文,完成下面的表格。

表1　情节梳理

	第一次	第二次	第三次	第四次	第五次
攻击者					
数量					

续表

	第一次	第二次	第三次	第四次	第五次
特点					
工具					
结局					
矛盾对立面					

参考:

表2　情节梳理参考

	第一次	第二次	第三次 (略写)	第四次	第五次
攻击者	灰鲭鲨	加拉诺鲨 铲鼻鲨	铲鼻鲨	加拉诺鲨	鲨鱼
数量	一条	两条	一条	两条	鱼群
特点	锋利的牙齿,体格健壮,所向无敌,肆意妄为	食腐动物,也是杀手,饥饿的时候会在水里袭击人	它那架势像是一头猪直奔食槽	橡胶一般厚实坚韧,来势汹汹(紧逼而来、猛撞)	成群结队,直扑向大鱼
工具	鱼叉	连鱼叉都没有,绑着刀子的桨	绑着刀子的桨,不锋利	棍子,是从断桨上锯下来的桨柄	一个人在黑暗中手无寸铁,只剩棍子(被鲨鱼抓去,丢了)、舵把(断了)
结局	杀死灰鲭鲨,大鱼被咬掉四十磅	杀死两条星鲨,大鱼被吃掉四分之一	杀死铲鼻鲨,刀刃被折断,手割破了	鲨鱼受了重伤,只剩下半条鱼,双手、身上活生生的疼痛,浑身僵硬、酸痛,不愿再搏斗	鲨鱼不是死亡便是负伤逃窜,老人被击垮了,已经超脱一切,大鱼只剩下残骸

活动2. 写老人与鲨鱼一次又一次的搏斗,这是什么手法,又有什么变化? 从中你读出了什么?

本小说采用重复叙事的艺术法,面对鲨鱼的不断进攻,老人不断反攻的过程重复了五次。这连续不断地进攻,表现老人处境的艰难。每次重复中又有变化:进攻鲨鱼的数量越来越多,老人的搏斗工具却越来越简陋,体力也越来越衰弱,大马林鱼剩下的部分越来越少。力量悬殊对比,凸显老人的坚毅及勇气。

任务二:感受"硬汉"精神

活动1. 在与鲨鱼搏斗的五个回合中,老人内心一直在做自我搏斗,"他高声说""他说""他想"的句式反复出现,你能从老人的这些心理活动中读出什么?

请用"面对＿＿＿＿＿＿,他想／他说／他高声说＿＿＿＿＿＿,可见老人＿＿＿＿＿＿"的句式表述。

面对鲨鱼数量越来越多,从一条到一群,越来越凶猛,老人抵御的武器却越来越少,身体也越来越疲惫,伤痛越来越重,他说,"一个人可以被毁灭,但不能被打败",可见老人的机智勇敢、不屈不挠。

面对既大又凶残的鲨鱼,老人年迈体衰、孤弱无助仍坚持抵御,他想,现在倒霉的时候就要来了,可我连鱼叉都没有,尖齿鲨……很聪明,不过我比它更聪明,可见老人虽外表柔弱,跟很多人一样面对不可预测的未知,有担心有忧虑,内心却无比坚强,具有非凡毅力。

面对最后只剩骨架的大马林鱼,老人精神没有被打垮,而是坦然接受,可见胜利与否并不能以物质来衡量。

面对大马林鱼越来越少只剩半条鱼,他说,"很抱歉,我出海太远了",可见老人对鱼的情感,这个时候,他简直已经把鱼当成了自己的战友。

面对鲨鱼这个给老人带来的生命威胁的"敌人",他想,它美丽而崇高,无所畏惧,可见哪怕鲨鱼是自己的"敌人",老人对"敌人"却足够尊重,心生赞美。

总而言之,在孤军与鲨鱼搏斗的过程中,危机重重,败局在所难免,老人动用手头所有能用的武器,去迎战鲨鱼。当凶猛贪婪的鲨鱼接连不断地来围攻大马林鱼时,已筋疲力尽的老人,不得不重新振作,奋不顾身去迎战鲨鱼。刚开始,他用鱼叉作武器,鱼叉被受了伤的鲨鱼带走,他又用绑在桨上的刀一个一个去结果它们,这时他满手伤痕,疲惫不堪,且连鱼叉也被带走了,刀子折断,还有许多鲨鱼来围攻,尽管这样,老人仍然坚韧地支撑着。在他心里,"只要我有桨,有短棍,有舵把,我一定要想办法去揍死它们"。夜里大群鲨鱼又来纠缠,老人在没有锐利武器的情况下仍然殊死拼搏,大鱼虽然被吃光了,但鲨鱼也被他打得不是死便是负伤逃窜。在这里,反衬法被海明威运用自如,生动地刻画圣地亚哥的性格。

黑格尔说:人格的伟大和刚强的程度,只有借矛盾对立面的伟大和刚强的程度才能衡量出来。面对强大的外部侵犯,老人积极抵抗,当然,我们通过品读"他高声说""他说""他想"的句式,更体会到老人经历了内心的怀疑、软弱、彷徨后,终于战胜了那个试图认输、妥协的自我,最终实现了行动上的毫不迟疑与义无反顾,突破极限,扛下了所有,"硬汉"打不败的真正精神正在于此。

在强与弱、得与失、生与死的矛盾冲突中,作者通过对比衬托,环境描写,语言、行动、心理等细腻描写,尤其是大量的内心独白,老人在绝境中的英勇机智,乐观坚韧,不屈不挠,大智大爱的形象凸显而出。"一个人并不是生来要给打败的,你尽可以把他消灭掉,可就是打不败他"这句话正是对"硬汉子"精神的高度概括。

活动2. 搜集作者资料

海明威文章中的"硬汉"带有浓厚的自传性色彩,是作者人生的写照和毕生的追寻。第一次世界大战爆发后,海明威辞去记者工作后奔赴战场,被编入红十字会的救伤队,战争的残暴与血腥给他留下了难以磨灭的记忆,这成为他日后小说创作的重要题材。

在海明威创作初期的不同短篇小说中,主人公的孩童时代、青年历程、成年经历均与作者海明威本人有着千丝万缕的联系。

《老人与海》(节选)讲述的是老年古巴渔夫圣地亚哥,与他捕到的一条巨大的马林鱼,在离岸很远的大海中搏斗而展开的故事。海明威笔下的老人是无比悲剧性的,在他身上却有着尼采般"超人"的品质,沉着勇敢地面对死亡,泰然自若地接受失败,这种"硬汉"精神体现了海明威的人生哲学与道德理想——人类不向命运低头、永不服输的斗士精神、积极向上的人生态度。

任务三:理解"冰山理论"

海明威的冰山理论认为,"冰山在海里移动很是庄严,这是因为它只有八分之一露出水面"。作家有八分之七的思想情感蕴藏在形象的背后,见之于笔端的只有八分之一的冰尖。

活动1. 赏析内心独白,试比较老人"高声说""说",和老人"想"的不同,体会主人公内心的不同情感,以第一次与鲨鱼搏斗为例。

"它咬去了大约四十磅,"老头儿高声说(愤怒)。他想:他把我的鱼叉连绳子都带去啦,现在我的鱼叉淌了血,恐怕还有别的鲨鱼会窜来呢。(为不可预测的袭击而担心。)

他不忍朝死鱼多看一眼,因为它已经给咬得残缺不全了。鱼给咬住的时候,他真觉得跟自己身受的一样。

他想:能够撑下去就太好啦。这要是一场梦多好,但愿我没有钓到这条鱼,独自躺在床上的报纸上面。(自我安慰,甚至有些懊丧)

"可是人不是生来要给人家打败的,"他说,"人尽可被毁灭,可是不会肯吃败仗的。"(这是老人在自我鼓励,身体可以被打败,但精神不能打败,鼓励自己要继续作战)他想:不过这条鱼给我弄死了,我倒是过意不去。现在倒霉的时刻就要来到,我连鱼叉也已经丢啦。"Dentuso"这个东西,既残忍,又能干,既强壮,又聪明。可我比它更聪明。也许不吧,他想。也许我只是比它多了个武器吧。(对现实的担心)

"别想啦,老家伙,"他又放开嗓子说。"还是把船朝这条航线上开去,有了事儿就担当。"(幻想没用,坦然接受现实,咬紧牙关面对现实,重要的是做好眼前的事,或许还有一丝希望。)

活动2. 请学生体会小说中出现的老人"高声说""说""想",总结其使用特点及效果。

(1)"高声说""说""想",体现了老人不同的心理,"想"侧重对不可预知的袭击的担心,"说"有自我鼓励,与畏惧的自己做思想斗争的意味,"高声说"比"说"更进一步,是面对现实,毅然前行的宣言,争取一丝希望。

(2)"想""说""高声说",表现了老人由畏惧、痛苦挣扎,到毅然面对现实的心理过程,体现了老人不挠不挠、坚韧、乐观的精神,深刻揭示了老人内心的自豪感、坚毅感,以及寻求外援的孤独感,闪烁着深邃的哲理色彩。

(3)"想""说""高声说"在小说中多次出现,体现了海明威小说语言简约、含蓄,叙述简洁的特点。

任务四:理解隐喻义

海明威说,我试图描写一个真实的老人,一个真实的男孩,一个真实的大海,一条真实的鱼,以及许多真实的鲨鱼。

活动1. "没有什么把我打垮,"他大声说,"都是因为我出海太远了。"这句话中的"他大声说"如果改成"他想",效果有什么不同?

"大声说"既代表着老人此时经历了与鲨鱼的五次搏斗之后的如释重负的心理,也是一种宣告,是老人对自己失败的总结,表现了他的豁达。他没有把失败的原因归结为客观上,如鲨鱼太凶残,工具太简陋,个人力量太单薄等,而是归因为我出海太远了。从表层意义上说,老人捕鱼到达了别人不曾到达的海域。从深层的意义讲,是老人追求的目标远大,以至于别人难以企及。"他想"只是内心的想法,更侧重内心的挣扎过程,力道不如"大声说"。

老人勇敢地与鲨鱼搏斗,更难能可贵的是能勇敢地面对失败,并从主观上去总结自己失败的原因,这是一种英雄的行为,更充分地表现出"硬汉精神"。

在这里,大海成了某种象征。在《老人与海》中,作者笔下的大海始终宁静、海水缓缓流动着,不管是捕鱼时,还是与鲨鱼搏斗中,大海依然平静地凝视着这位"硬汉"老人。但是外表温柔的大海,却又蕴含着无穷、强大的力量,她深不可测,她不仅有前所未闻的大马林鱼,也有着凶残无比的大鲨鱼,就如人生的舞台,也如外表柔弱内心刚强的"硬汉"。

活动2. 除了大海,文中的马林鱼、鲨鱼、鸟、鱼、海风这些意象,有什么象征意味?

马林鱼代表着人生的理想,它是人民美好的理想和追求的目标。

鲨鱼,是破坏性力量的代表,它是人们在实现理想和目标的过程中的各种破坏力的集合。老人把鸟、鱼、海风看作是他的朋友。

四、课堂总结

这节课,我们感受到了海明威笔下的"硬汉",更从"他说""他大声说""他想"进一步感受"硬汉"之"硬",虽然海明威的小说只有八分之一露出水面,但通过一步步深入品味"他说""他大声说""他想",我们感受到了作家蕴藏在形象背后的八分之七的思想情感。

(潘增妹)

冰山威令 刚毅如彼

《百年孤独》:从魔幻到现实的象征艺术

一、学习目标

1. 了解马尔克斯和魔幻现实主义以及《百年孤独》的内容。

2. 学习"魔幻现实主义"表现手法在本文的具体运用及其表达效果。

3. 鉴赏小说中"象征"的艺术手法带给我们的审美感受。

4. 通过分析魔幻和现实并存的情节,探究作者渗透在作品中的对历史和现实的思考。

二、课堂导入

离奇、不可思议;神奇;荒诞、夸张、并不失真;有象征意味;很魔幻……请谈谈读完这篇文章后的感受。

三、具体任务

任务一:找出小说中的魔幻事件

1. 马孔多的居民失眠→健忘症→失忆

2. 奥雷里亚诺的预言→他仿佛能够看到未来的事情

3. 丽贝卡饥饿时只吃院子里的湿土和用指甲刮下的石灰墙皮

4. 丽贝卡双眼在黑暗中放光

5. 失眠的马孔多居民在梦中能看见自己梦中的形象,还能看到别人梦见的景象。

任务二:鉴赏魔幻现实主义

以上这些在现实生活中不大可能发生的,给人以离奇、荒诞甚至不可思议的事件其实是作者马尔克斯精心安排的,可以说是这位伟大作家的匠心独运的构思。而这一风格就是"魔幻现实主义"的重要特征。

魔幻现实主义是拉丁美洲特有的文学流派。它立足于拉美现实,运用荒诞派的手法,将拉美的现实生活与神魔鬼怪等幻觉的东西融为一体,往往写得晦涩难懂。它在拉美兴盛,又接受欧洲文学,尤其是现代派文学的影响,又有独特的印第安文化;其中的传说、神话、巫术、幻觉、怪诞成分为作家所吸收。

原则:变现实为幻想而不失其真

古巴作家阿莱霍·卡彭铁尔在长篇小说《这个世界的王国》(1949)的序言中指出:"神奇乃是现实突变的必然产物(奇迹),是对现实的特殊表现,是对丰富的现实进行非凡的、别具匠心的揭示,是对现实状态和规模的夸大。这种现实(神奇现实)的发现都是在一种精神状态达到极点和激奋的情况下才被强烈地感觉到的!"他认为魔幻现实主义文学是用丰富的想象和艺术夸张的手法,对现实生活进行"特殊表现",把现实变成一种"神奇现实"。

从本质上说,魔幻现实主义所要表现的,并不是魔幻,而是现实。"魔幻"只是手法,反映"现实"才是目的。正如阿根廷著名文学评论家安徒生·因贝特所指出的:"在魔幻现实主义中,作者的根本目的是借助魔幻表现现实,而不是把魔幻当成现实来表现。"

任务三:分析魔幻事件所指向的现实(象征意义)

加西亚·马尔克斯也说过:"我所有的作品都是契合于某种地理和历史的现实。"结合资料,分析小说中这些离奇、魔幻的事件象征着怎样的一种现实? 请揭开"马尔克斯密码"。

1. 丽贝卡吃土事件。

丽贝卡是一个不期而至的小女孩。她带着父母的骨殖来到布恩迪亚家里,孤僻、美丽的外表下包裹着充满欲望的内心。她带来过差点让整个村子覆灭的失眠症,她在内心充满渴望与孤独时疯狂地吃着土。

"土"就是丽贝卡孤独的代表,对吃土有所执念的丽贝卡,并不喜欢混着蚯蚓的湿土味道,但却戒不掉这种味道。丽贝卡喜欢吃土,却不喜欢与人交流,"吃土"正是她孤独的表现,她通过这种行为来抗拒孤独。当她内心感到孤独时,苦涩的土的味道是唯一能够排解她痛苦的良方。

2. 失眠症蔓延,导致人们的失忆。

这个情节的象征意义是耐人寻味的,这个经历了许多沧桑变化的马孔多小镇,正是拉丁美洲大陆的象征。作者在这里通过对马孔多居民患失眠症的描写,暗指拉丁美洲人民由于无法摆脱愚昧落后、孤独封闭和与世隔绝的生活,在外来文化的影响下,正在逐渐麻木地遗忘了自己的历史和文化,遗忘想要摆脱命运控制的初衷。

3. 延伸探讨。

以上就是《百年孤独》的魔幻现实主义的表现手法。作者在小说中描述夸张、荒诞甚至魔幻的事件,旨在通过象征的手法,让读者感受到真实的现实。而这个现实可能是地理、历史等外在的真实,也可以是情感、思想等内在的真实。

比如,大家看课文节选开头的这一片段。

何塞·阿尔卡蒂奥·布恩迪亚……释放从建村伊始就以歌声欢快报时的群鸟,代之以家家户户各备一台音乐钟。这些雕刻精美的木钟是用金刚鹦鹉从阿拉伯人那里换来的,由何塞·阿尔卡蒂奥·布恩迪亚统一校准。每隔半小时镇上便响起同一乐曲的欢快和弦,一到正午更是蔚为壮观,所有时钟分秒不差地同时奏响整曲华尔兹。

这是一个容易被大家忽略的情节。在马孔多,原先的报时系统是群鸟,而在何塞的领导下,家家户户引进了音乐钟。这在我们现实生活中是寻常可见的。但是在小说中却是充满了象征意义。

同学们,你觉得这象征了什么?

标志着现代社会的钟表式的时间能够创造平等、法治和有序,可以带来整齐规训,但也可以带来异化。在这种情况下,时间更容易成为一种权力。谁控制了时间的体系、时间的象征和时间的解释,谁就控制了社会生活。当钟表式的时间随着外来文明的进驻渗透到马孔多镇人们的生活习惯上时,也意味着这里的人们在慢慢被现代文明生活的权力所控制。

时间加速之后，人们处于"时间饥饿"状态中，只拥有时间没有拥有生活，当客观时间已经很充足时，人们的注意力还在钟表所代表的时间上，在无所事事中听着音乐钟数华尔兹的音符。除了时间，人们已经很少关注其他的事情了。

包括课文后面也提及了失眠症开始蔓延时，马孔多居民的精神状态是这样的：

人们都因不用睡觉而兴高采烈，因为那时候马孔多有太多的事情要做，时间总不够用。他们夜以继日地工作，很快就把活儿都干完了，凌晨3点便无所事事，听着音乐钟数华尔兹的音符。

文中描写音乐钟的那段文字，就是统一、整严、标准化的现代工业文明渗透的痕迹，用"音乐钟"代替"群鸟"便是机械时间（现代时间）代替了自然时间（传统时间）的典型的形象化表现。当地人的时间标准已经被西方现代工业文明带来的时间标准殖民化。

这便是"音乐钟"在小说中的象征意义。

四、课堂总结

劳伦斯说过："艺术家是个说谎的家伙，但是他的艺术，如果确是艺术，会把那个时代的真相告诉你……"

可以说，《百年孤独》里，"魔幻"事件的呈现是作者马尔克斯的一种说谎的艺术，他希望借助这样一些离奇的、夸张的甚至诡异的事件来变现那个时代的真相，用魔幻来表现他所处的拉丁美洲的现实。

《百年孤独》是"魔幻现实主义"的经典作品。在这部小说中，真实与幻想之间的界限仿佛消失了，呈现在读者眼前的是一个离奇而又真切、不可思议而且栩栩如生的世界。马尔克斯在创作时就是力求"变现实为幻想而不失真"，这也是魔幻现实主义的重要特征。而对于我们读者来说，解读从魔幻到现实的象征意义是我们揭开这部传奇神秘小说的重要钥匙。象征手法显示作者对历史的反思。

马孔多居民患上失眠症，之后开始失忆。为了生活，他们不得把日常用品贴上标签注明用途。人们忘记了曾经发生的事情,忘记了马孔多的过去和现在。作者对失忆的描写,表现出马孔多在文明洪流面前受到了巨大冲击,包含了作者对哥伦比亚以及拉丁美洲历史的反思。

　　希望大家带着这样的思路,从魔幻到现实,用象征手法去还原离奇背后的密码,这样我们也能够更加深入地进入以《百年孤独》为代表的现代小说中的魔幻现实主义背后的深意。

（黄敏健）

奇峰突起　韵味无穷

——小小说结尾猜说续写

一、学习目标

1. 通过小小说结尾的猜说和续写方式,总结归类小小说结尾的思维特点。

2. 通过小小说结尾的创作和点评,探究小小说结尾的精彩之处。

二、课堂导入

小小说是小说家族的一朵奇葩,短小精悍,意趣盎然。小小说的结尾在创作中被放在了非常重要的位置,仅次于文章的"立意",所以在强调立意的同时,又有这样的说法:小小说是结尾的艺术。小小说精彩的结尾在于结局应"惊奇"(欧·亨利)、"新奇"(星新一)、"出人意料"(罗伯特·奥弗法斯特)。我们常说"欧·亨利式结尾",意料之外,情理之中。比如《麦琪的礼物》《警察与赞美诗》《最后一片叶子》。今天我们就来探究小小说结尾的艺术。

三、具体任务

任务一:猜说小小说结尾

活动1. 我们先来看一篇小小说(《多疑症》)的故事梗概,猜猜结尾怎么样。

《多疑症》

［美］埃德·华莱斯

本森医生夜半出诊,遇到一个搭车人。搭车人借打火机后不经本森允许就把打火机放回本森的衣袋里,本森不快之下摸衣袋时发现手表没有了,觉得是搭车人顺手偷走了,于是拿手枪逼迫搭车人归还了自己的手表,然而在最后……

猜说小小说的结尾。或是猜想自己的那块手表还戴在自己手上,或是猜想自己的手表放在别的地方。再比较小小说原作的结尾——本森发现手表竟然是搭车人的!

活动2. 在这个结尾的设计里,你觉得作者主要采用了什么值得借鉴的方法?

小说结尾情节的突转主要与前文设置的误会、巧合有关。前面搭车人放回打火机到医生的衣袋,因为这个动作,医生以为搭车人把他口袋里的手表顺手拿走了。这里凑巧的细节,推动了故事情节的发展。正因为"巧",医生才有了"误以为"的想法,他拿出手枪逼迫搭车人,而搭车人以为医生要抢劫他的手表,所以把手表交给医生,这种误会和巧合更能集中生活矛盾,引人深思。

任务二:对比小小说结尾

我们再来欣赏小说《在柏林》(PPT投影呈现下文)

《在柏林》

［美］奥莱尔

一列火车缓慢地驶出柏林,在车厢里尽是妇女和孩子,几乎看不见一个健壮的男子。在一节车厢里,坐着一位头发灰白的战时后备役老兵,坐在他身旁的是个身体虚弱的老妇人。显然她在独自沉思,旅客们听到她在数着:"一,二,三",声音盖过了车轮的"喀嚓喀嚓"声。停顿了一会,她又不时重复起来。两个小姑娘看到这种奇特的举动,指手画脚,不假思索地嗤笑起来。

一个老头狠狠扫了她们一眼,随即车厢里平静了。

"一,二,三",这个神志不清的老妇人又重复数着。两个小姑娘再次傻笑起来。这时那位灰白头发的战时后备役老兵挺了挺身板,开口了。……

活动1. 猜猜看,老人说了什么话?

学生猜说。或是老人说"闭嘴",或者说"不要笑"。因为在此情境中,老人很愤怒,觉得两个小姑娘特别没礼貌,所以说"闭嘴"。但是,这样的话,这个情节与前文有重复之感。因为前面老人已经"狠狠扫了她们一眼"。

活动2. 小说原作是这样处理的,我们来细读一下。车厢里的人们此刻在沉思什么?

"小姐",他说,"当我告诉你们这位可怜的夫人就是我的妻子时,你们大概不会再笑了。我们刚刚失去三个儿子,他们是在战争中死去的。现在轮到我自己上前线了。在我走之前,我总得把他们的母亲送往疯人院啊。"

车厢里一片寂静,静得可怕。

结尾突转,老人的一番话,将人们拉入到沉思之中。

人们会想到战争的残酷,想到老兵一家的悲惨遭遇,车厢上的两个小姑娘后悔自己取笑老妇人,读者会产生怜悯之感,对老兵和老妇人的一家无限同情,从而对战争有一种憎恶之感。

活动3. 你觉得老兵是哪国人?

觉得应该是德国人。这样一来,小说所揭示的主题就更加深刻了。发动法西斯的第二次世界大战,对世界各国人民造成了深重的灾难,对自己的本国老百姓也是一样,老百姓深受其害,老兵一家更是千千万万老百姓的写照。

活动4. 这种突转结尾的设置,让人印象深刻,思考老兵和老妇人的人物关系是怎样设置的?

从人物关系角度来考虑,作者在结尾运用了一个方法,就是增加人物之间的关系。结尾点明老兵和老妇人是夫妻关系,而在故事的开头,老兵和老妇人好像没有任何关系,就是车厢里的乘客,是陌生人一样的感觉。所以说

奇峰突起　韵味无穷

在小小说的创作过程中,作家还可以通过改变人物之间的关系来达到意想不到的效果。

任务三:续写小小说结尾

根据你所学到的方法,修改自己原先写下来的结尾。然后在小组内进行讨论、推荐,跟全班同学分享续写的作品。(PPT出示《局长家的狗与我重名》去掉结尾部分)

局长家的狗与我重名

魏金树

本人姓王,名叫大宝。最近我遇到一件非常难堪的事——我对门新搬来的局长家养了一条与我重名的小狗,也叫大宝。每当他家里人一喊"大宝大宝"的,我的心就一惊一惊的,不知是喊狗还是喊我。

有一次,正是午饭的时候,忽听局长大声喊"大宝",我当然不敢贸然应声,可局长喊个不停,后来有点生气了:"大宝,你听见没有? 你真听不见还是装听不见,大宝你给我过来,大宝……"

我一想,这回大概喊我了,因为局长很少亲自叫狗,而且为了条狗他也不会发这么大的火,于是我决定过去看看。

我上前叩门,却没了动静,轻轻一推,门竟开了,放眼一看,屋里的场景让我恨不得将眼珠子抠出来——只见最近正为本单位盖宿舍楼的包工头老杨坐在沙发里,腿旁边是一堆花花绿绿的礼品盒,茶几上摊开的烟盒里,露出成扎的钞票。哎呀,我怎么看见了这个场面啊!

"小王,有事吗?"局长冷着脸问。

"没事没事!"我一时惊慌失措,结结巴巴地说,"我,我过来是想,看看——局长您有什么事?"

"我有什么事用得着你管吗?"

局长显然误解了我的意思,脸色阴沉得可以拧出水来。

我更慌了,不知该如何解释,一紧张就说不出话来了,"我,我,我……"急忙退了出来,像是干了什么见不得人的事儿。

第二天,我就听到了局长拒贿的消息。为此电视台还对局长作了专访,将他树为廉政建设的典型,还说如今像他这样清正廉洁的干部太少了!

而我发现局长似乎并不怎么高兴,尤其当着我的面更显得格外深沉。从此,我的工作中,也总是麻烦不断,"差错"百出,至于很快因工作不力而降职也就在情理之中了。

从此,我变得有点儿神经质了,在家里一听到对门喊"大宝"的声音,就心惊肉跳,只是再也不敢到局长家登门造次了。

一个星期天的下午,我独自一人在家看书,忽然从对门传来局长"大宝大宝"的叫声,我当然不敢再自作多情。后来局长的声音越来越大,几乎是声嘶力竭了,连楼下的人也听见跑了上来。人们进去一看,发现局长突发急症,正在地上抽搐。大家七手八脚地将他送到医院,医院的大夫说,若早来一小会儿就好了,现在恐怕得留下点后遗症。

单位很快有了传闻,说我这人品行恶劣,见死不救,连点最起码的人情味儿都没有。我只有乖乖听着,简直是有苦难言!

于是,我开始恨局长家的狗,这条该死的狗,你取个啥名不好,偏偏跟我重名,可真是害人不浅啊!

后来,还是妻子帮我出了个主意,说:"要不你去找一下局长,让他家的狗改个名儿,以后就不会发生这种误会了。"我想想也对,但还是有点怵头。

妻子后来却急了,很生气地说:"这么点事你都办不了,不就是让他家的狗改个名吗?又不是让你干什么大事——我现在回娘家呆两天,两天之内你必须把这事给我办了,若不然我回来咱就离婚,我跟着你这个窝囊废算是倒了八辈子的霉了。"

我心里也挺不是滋味儿。

……

活动1. 请大家根据前面所学到的方法,对自己原先写下来的结尾做一个修改。然后小组内交流,并请各组来分享自己小组认为比较好的作品,并且说说自己创作的理由。

分享示例:(1)大宝把局长给举报了。无意间听到局长在家里和陌生人的谈话,关于索要100万的巨额,于是用手机录下来举报,最后局长下台,而大宝成了新局长。

(2)大宝去医院看领导,结果无意间看到包工头老杨又在贿赂,于是很生气地把局长给举报了。

(3)大宝鼓起勇气去找局长,让他把狗的名字改了。

(4)大宝叼出烟盒,里面全是钞票,然后被邻居举报,大家以为是王大宝的功劳,王大宝因此成了英雄。

(5)大宝和局长是表兄弟关系。

(6)大宝把自己名字改成"小宝"。或改名叫"折宝"。或改名叫"二宝"。

(7)大宝去局长家,要求局长把他家的狗改名成"大狗"。

(8)把狗给毒死。把狗给杀死。

(9)我去医院看望局长,结果局长狠狠看着我,我一紧张什么话也说不出来,后来我就收到局里寄来的离职通知书,妻子也和我离婚了。后来,我搬离了原来的住所。

……

活动2. 我们来分析一下我们同学创作的作品,看看以上各种结尾的猜想都有哪些思维特点。

(1)正向思维。顺着故事情节的发展,妻子给大宝下达指令,让局长家的狗改名。局长也同意了。但从大宝的性格来看,似乎很难办成。

(2)逆向思维。小说的结尾和原来的结尾不一样,故事反转,大宝没改成局长家狗的名字,反而把自己的名字改了,比如"小宝""二宝""折宝"。

(3)曲转。小说并没有顺着改名这件事情发展,而是让情节朝别的方向发展。比如上面同学设想的大宝把局长给举报了,大宝成了英雄,大宝成了新的局长。比如大宝更加失意,被单位开除,妻子也和他离婚了。再比如大宝和局长居然是远房亲戚关系……这个恰如前面那个老兵的处理方法,增加人物的关系。

活动3.我们同学的各种奇妙结尾,各有各的魅力。大家想看一下原作的结尾吗?

(师PPT呈现原作结尾)

妻子走后,我为改名的事很是费了一番脑子。

两天时间很快就过去了。妻子回家一进门就问："改名的事怎样了,改了吗?"

"改了!"我苦着脸说。

妻子这才露出笑容:"快说说,怎么改的?"

"从此,我不叫大宝了,改名叫大狗了。"我说。

和我们很多同学的思路一样,作者采用了逆向思维的方法,妻子本来叫王大宝去局长家办理一下小狗改名的事情,结果大宝办不到,倒把自己的名字给改了。改的名字让我们大吃一惊——大狗,刚刚把大宝改成"二宝"或其他名字的同学先来点评看看,你觉得怎么样?

作者改成"大狗",好像比我改成"二宝"更有意思。"二宝",只能说明改了名字,故事情节有一个突转。而改成"大狗",就会让我们思考更多的东西。把人和狗的地位点明,好像有一种"人不如狗"的感觉。让人觉得小人物的无奈在这样的改法中得到了体现。

活动3. 这几种小小说的结尾,你比较喜欢哪一种结尾?

学生谈自己的看法。要引导学生在点评的时候注意以下几点:

(1)情节离奇,有无伏笔、照应;结尾在意料之外,有无在情理之中。

(2)是否符合人物性格,续写部分人物性格应符合前文体现的人物性格、身份。

(3)是否符合生活常识。

(4)续写部分情节是否只是前文的简单重复,给人以画蛇添足之感。

(5)是否只有干巴巴的情节,还要有动人的细节描写。

从小说前面部分所写大宝的性格看,这个人比较懦弱胆小,前面邻居说他"见死不救"时,大宝都不敢辩驳。所以小说结尾续写的举报自己领导好像不太能办得到,这样的结尾就不符合人物的性格。处理成大宝失业,妻子离婚,倒是蛮符合人物的性格的。不少同学还运用增加人物关系来处理结尾,让结尾有惊奇之感,但是在生活中似乎几率有点小。大宝叼着装满了钞票的烟盒出门,结果被邻居举报,这个结尾的处理很有艺术,小说前面也有呼应,大宝推门看见局长家的烟盒钞票,运用了巧合的艺术手法。大宝让局长家的狗改名对于小说人物而言,难度系数有点大,但是大宝把自己改名为

"小宝""二宝"确实比较符合人物的性格,故事也有突转的效果,而小小说原作结尾改成"大狗",更能突出小人物的悲伤、无奈,本来是人名的"王大宝"要改成狗的名字,为避免再出现误会,心酸无奈,放弃自己的名字,不改别的名字而改用狗的名字,更加凸显人不如狗的悲伤、无奈、凄苦。突出机关内部的"唯官是大"的领导作风问题。

不管怎样的结尾,出人意料,情节突变,一定要注意前面的呼应伏笔,不为突转而突转。

四、课堂总结

小小说的结尾方式自然是丰富多彩,变幻无穷的,画龙点睛式,升华主旨;留白式,意味深长;出人意料的转折式,奇峰突起,韵味无穷。苏联作家富曼诺夫说:"艺术的打击力量要放到最后。我们要用好'最后一击',以新奇意外的结局带活全篇,使小小的微型精品焕发无限的艺术魅力。"

（余幼幼）

诗中有画 以画解诗

——《春江花月夜》教学设计

一、学习目标

1. 运用形象思维将文字美转换为画面美，提升诗歌审美鉴赏能力。
2. 展开联想和想象，填补诗歌的想象空间，丰富画面，体味诗歌意境。
3. 体会诗歌画面美、情感美、哲理美的融合。

二、课堂导入

张若虚的《春江花月夜》在学界有极高的评价，"孤篇压全唐""盛唐第一诗""春风第一花"。闻一多先生更是赞美其为"诗中的诗，顶峰上的顶峰"。他以"春""江""花""月""夜"为线条，以"白沙""白云""青枫"为色彩，以"扁舟子""明月楼""捣衣砧""玉户帘""妆镜台"为点缀，为我们描绘了一幅耐人寻味的春江夜景图，今天这节课就让我们一起以诗绘画，重现《春江花月夜》的锦绣之美。

三、具体任务

任务一：粗线条勾勒月亮轨迹图

从题目来看，这首诗包含了五个意象，他们分别是"春""江""花""月""夜"，而这五个意象中"月"是主意象，本诗正是围绕"月"描绘了一幅春天的长江夜景图。同学们有没有发现，诗中的月亮并非一直都高悬空中，而是动态的,接下来就让我们根据诗句将月亮的运行轨迹画出来。

初月:春江潮水连海平,海上明月共潮生。

悬月:江天一色无纤尘,皎皎空中孤月轮。

斜月:江水流春去欲尽,江潭落月复西斜。

落月:不知乘月几人归,落月摇情满江树。

轨迹图(如下)

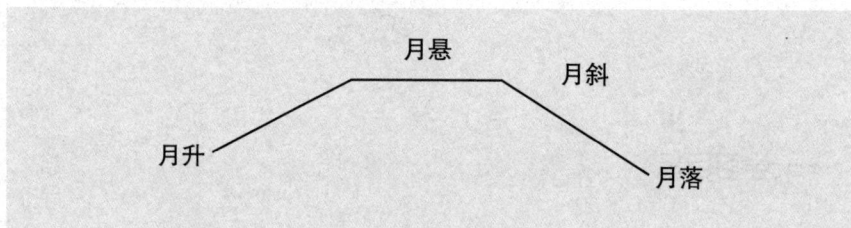

本诗向我们展现了一轮明月从初升到落下的全过程,让我们经历了一次非同寻常的春夜之旅,接下来让我们通过这些诗句来品味诗人丰富的情感。

表1 月亮轨迹

诗	月	景	情
春江潮水连海平,海上明月共潮生。	初月	初月明媚,照遍了春江、芳甸、花林,月下之景白茫茫,皆是月华。	展现春江花月夜自然美景,表达作者对自然美景的喜爱。
江天一色无纤尘,皎皎空中孤月轮。	高月	睹月思情,江天一色,皎皎孤月。	皎月高悬引发诗人对宇宙人生的思索。
江水流春去欲尽,江潭落月复西斜。	斜月	明月西下,游子思妇的一腔离情伴随月影洒在江边的树上。	思妇怀人。
不知乘月几人归,落月摇情满江树。	落月	在这春江花月夜,几许游子乘月而归。	游子思乡。

任务二:细线条描绘月亮轨迹图

本环节采用分组讨论形式,每个组认领一个月升状态,对该片段进行细节解读。

1. 初月

①月亮从何处升起?

"春":月亮升起在春天这一时间;

"江""潮""海":月亮与汹涌澎湃的潮水一起"涌"来。

②月升后是怎样一幅场景?

"何处春江无月明":双重否定,强调了月光洒满江面,万物被月光普照;

"月照花林皆似霰":比喻的手法,形象地描绘出了月光将花与树映照得洁白无瑕;

"空里流霜不觉飞,汀上白沙看不见":对比的手法,映衬出月光的白,赛过空中的飞霜,强过洲上的白沙,以至于看不见飞霜与白沙。

2. 高月

①皓月当空,作者看到的是怎样的画面?

"江天一色无纤尘,皎皎空中孤月轮":江水和天空变成了一种颜色没有一点微小的灰尘,明亮的天空中只有一轮孤月悬挂。一个"轮"字说明此时是满月,正好与前文的明亮照应。江天一色,澄静明净,浩瀚无边,孤独的诗人站在这一轮孤月之下,不禁情思翩翩。

②面对高悬之月,作者产生了怎样的人生感慨?

"江畔何人初见月,江月何年初照人":是谁最先在这江畔看见明月的呢?

月亮又是在什么时候开始照人的呢?作者感慨人与天的绝对力量悬殊,明月一岁一千年,看尽人情的凉薄,世人却伴月初生,望月临终,至死也看不透自然的玄妙。这种关于人性与审美起源的天问,使得诗歌超脱了一般思乡恋亲意旨的束缚,展现了诗人博大的自由情怀。

"人生代代无穷已,江月年年望相似":虽然第一个看月亮的人和第一个被月亮照的人都不在了,但是今天诗人仍能站在这里看月,而在可以想见的未来,也还会有无数的人站在那里,看和诗人看到的一样的月亮。宇宙永恒,明月常照,对于个体而言,生命是短暂的,但诗人又认识到虽然个体生命短暂,但就全人类而言,又是代代相传,无穷无尽的。诗人虽有对人生苦短的感伤,但并不消极,而是引发对人生的追求与热爱,这使得本诗的基调是"哀而不伤"。

3. 斜月

①月亮西斜时有哪些景和物?

明月西斜时,月光洒在江边的树、游子的一叶扁舟、思妇的明月楼上,游子思妇的离愁放在春江花月夜的背景上,以良辰美景衬托离别之苦。诗人由一家一处联想到人间千万家的离愁别恨。一种相思,牵出两地离愁,一往一复,诗情荡漾。

②传达了怎样的情感?

"可怜楼上月徘徊,应照离人妆镜台":这是异乡的游子在托付月光照亮思妇的妆镜台。诗篇把"月"拟人化,那美好的月光似乎有意和思妇作伴,总在她的闺楼上徘徊着不肯离去。照在她的梳妆台上,照在门帘上,卷也卷不去;照在捣衣砧上,拂了却又来,使思妇无法忘记在这同一轮明月之下的远方的亲人,这种愁思无法排遣。

"此时相望不相闻,愿逐月华流照君":这是思妇的角度,月光如流水,游子和思妇各在一端。思妇想逆"流"而上,奔向心上人所在的地方。

4. 落月

月亮落下时诗人产生了怎样的感慨?

"不知乘月几人归":把月亮比作船,这是思妇的想象,想象或许爱人也在那船上,正在归途中。可能乘着月光他就归家了,这里有游子归家的希望。

"落月摇情满江树"：月亮虽然离去了，但它将满满的情意留下了。这里没有决然的消逝，没有无情的抽离，没有衰弱的感伤，有的只是"离而不去"的深情，这就大大冲淡了我们日常离别的不舍和感伤。

四、课堂小结

这节课我们以"月"的升起——高悬——西斜——落下为线索，串起整首诗，简单勾勒春江夜景图的粗线条，再通过字词句的分析和想象与联想的方式，归纳出月亮明亮、唯一、永恒、共享、多情等特点，体会宇宙无穷、两地相思、月落归家等丰富内蕴，描绘春江夜景图的细线条。一粗一细，一浅一深，一外一内，让学生从各个角度来丰富对这首诗的解读，感悟诗人在绘春江花月夜的美景中开篇，在叹幽忧离情中收笔的创作内核。

（许艳艳）

酒入豪肠　月光朗朗

——基于任务群设计的《将进酒》教学

一、学习目标

1. 预习过程中仔细研读《将进酒》，了解当时作者喝酒的原因。

2. 通过朗读诗歌，把握诗人情感变化。

3. 通过鉴赏诗句，理解作者的内心世界和人格魅力，把握本诗的主旨。

4. 探究作者失意的原因，把握作者矛盾复杂的思想感情。

二、课堂导入

在中国文学史上，诗与酒始终如影随形。酒文化在中国源远流长，许多文人骚客写下了品评鉴赏美酒佳酿的著述，是中国文化中最浓墨重彩的一笔，于是"劝酒"成了酒文化的一部分。中国诗人大多爱喝酒，无酒不宴，无酒不友，无酒不忧，无酒不悲，无酒不欢，且多数因为"愁"而喝酒。中国许多文人骚客喜欢用喝酒的方式来表达喜怒哀乐，因酒而畅所欲言，因酒而摆脱烦恼，他们因酒而撰写佳作，深受读者喜欢。当李白初入长安求仕无成，于是蔑视权贵，弃绝世俗，面对人生的失意之际，如果你是李白的好友，如何劝解朋友面对的人生不如意？这节课我们共同讨论，需要完成四个任务。

三、具体任务

任务一:分析背景

1. 李白面临的烦恼是什么?

其一是初入长安,求官不成;其二是壮志难酬,怀才不遇;其三是不知从事何种职业。

2. 李白劝谁喝酒?

一开始应该是丹丘生劝李白和岑夫子喝酒,后来是李白劝岑夫子和丹丘生喝酒。毕竟好友之间一起喝酒,没有任何的精神负担,可以尽情畅饮,无话不谈,可以随意发泄心中不快。

3. 李白为何喝酒?

其一是人生得意须尽欢,因"得意"而饮酒;其二是烹羊宰牛且为乐,因"为乐"而饮酒;其三是唯有饮者留其名,因"留名"而饮酒。但李白喝酒也许为"消愁",也许为激发创作古诗的灵感。

任务二:整体感知

1. 古诗的前四句有什么作用?

运用夸张和比喻的手法,表达了作者感慨时光易逝,人生易老,而自己却功业未建。

2. "人生得意须尽欢,莫使金樽空对月"。此时的李白是真的得意吗?

李白的得意在于跟几个老朋友久别重逢,互相倾诉最近的烦恼和人生经历,纵酒狂歌,发泄心中的不满,这正是诗人百无聊赖的心境反映。

3. 李白劝人怎样喝酒?

不同的场合,不同的心情,喝酒的方式其实也有所不同,有浅品则止,有痛快畅饮。李白一生无酒不欢,他喝酒时还喜欢拉着好友一块喝,如果好友不想喝,他也会想方设法劝好友喝。我们从诗句"会须一饮三百杯"看出他们喝得多,从诗句"将进酒,杯莫停"看出他们喝得急,从诗句"但愿长醉不复醒"看出他们喝得醉,从诗句"斗酒十千恣欢谑"看出他们喝得欢,从诗句"五花马,千金裘,呼儿将出换美酒"看出他们喝得纵情。

4. "天生我材必有用,千金散尽还复来"表达了诗人怎样的一种情感?

这两句诗表达了诗人对自己才能的高度认可和屡遭失败且不肯屈服的性格,透露出一种怀才不遇而又渴望被朝廷重用。他不仅是时代的最强音,而且增加后人的自信。

5. "钟鼓馔玉不足贵,但愿长醉不复醒"是作者真实的想法吗?

不是的。因为表面上表现了诗人蔑视权贵,实际上表现了诗人仕途失意,壮志难酬的愤激之词。

6. "陈王昔时宴平乐,斗酒十千恣欢谑"诗人列举陈王曹植的事例,有何用意?

因为李白和陈王曹植有相似的人生经历,他俩一样才华出众,思维敏捷,一样遭人妒忌,一样被人猜忌,历经他人排挤而命运坎坷,一样怀才不遇而经常喝酒,可谓是同病相怜。既是表达诗人对陈王昔时宴饮的仰慕,更是对自己现实遭遇的愤激。

7. 思考"万古愁"从何而来?

提示:李白之愁不是一己之悲,而是古往今来所有壮志难酬仁人志士的共同心结。这种愁包含了对人生苦短、功业未就、虚度光阴、浪费时间的感慨。这种愁绪对于敏感的人来说基本上都会有。但作者的愁其一是政治遭遇,其二是人生理想和现实之间的矛盾,其三是对自由的向往和现实生活的矛盾。

8. 诗的首句和尾句照应,有何作用?

一"悲"一"愁"遥相呼应,余韵深远,强化了整首诗的情感的变化。

由此可得出哪些结论?

其一:李白和酒不知不觉结下了不解之缘,不同时期不同的生活状态都与酒密切相关。

其二:李白喝酒只是为了发泄心中的不快,但绝不是他生活的主旋律,我们心中的李白永远都是豪放旷达,富有浪漫主义色彩。

通过形势分析,我们知道了李白和好友一起喝酒的原因,李白尽管喝酒尽兴,抒发心中的烦恼。但最好的做法就是既然难于从政,也可以另谋职业,发挥自己的特长,只要你是金子,在哪个行业都能发光,都能找到自己的人生价值。

任务三：探究情感

1. 此次宴饮，李白的感情有什么变化？

由悲伤到欢乐到愤慨到狂放。李白悲伤的是时光易逝，人生易老，而功业未成。李白的欢乐是纵酒狂歌，互相倾诉衷肠，大发牢骚而已。李白的愤慨是诗人在理想不能实现时欲求出路而不得的痛苦，诗人仕途失意，志不得抒。李白的狂放是用五花马、千金裘置换美酒，只为和好友一起喝酒尽兴。

2. 这首诗中诗人的情感到底包含哪些呢？

其一是对国家有情：忠君报国之情，不满失望之情；其二是对自己有情：自我肯定之情，快意身心之情，也有怀才不遇的苦痛。

3. 诗人给你留下怎样的形象？

诗人表面上自信洒脱、狂放不羁、蔑视权贵、豪放旷达、矛盾、坚强，但实际上内心脆弱，不知怎样改变人生，消除烦恼。

任务四：探究哲理

1. 喝酒真的能解愁吗？

喝酒显然不能解愁，喝醉了会影响身体健康，最好的做法是用积极的心态面对壮志难酬，可以另谋职业，只要你是有才华的，不管在哪个领域，哪个行业，都会有自己的一番成就。

2. 我们如何看待李白的嗜酒如命的行为？

李白一方面壮志难酬，原先满腔报国热血却不被赏识，不得已放浪形骸，酒不醉人人自醉，不过是聊以遣怀，以浇胸中块垒；另一方面是他借酒来表达自己的追求，追求精神自由，追求诗歌创作水平。其实酒并不能帮助他实现他的政治理想，但是酒可以暂时让他寻得内心平静，暂时忘记烦恼。他虽然嗜酒如命，但我们知道他依然没有放弃他伟大的理想，关心国家大事。

3. 如何面对人生的失意？

(1)应站在何立场说话？

作为李白的好友，应该学会换位思考，帮助李白理性分析官场失败的原因，并且给他提一些好的意见，放下心中的不快。不要长期处于精神低迷的状态，这样会让自己致病成疾。

（2）如何劝解李白不要喝酒过量？

我们需要掌握一点逻辑知识，可说三层意思。

第一层：讲述喝酒的危害，不能把心中的不快建立在付出健康的代价，心情不好可以选择积极乐观的方式来解愁，可以找好友聊天，可以约好友一起游山玩水。这是反面说。

第二层：如果喝酒过量，会影响自己身体健康，没有健康的身体，哪来理想报国，怎么去实现自己的人生价值呢？这是正面说。

第三层：如果不听我们的劝，一定要喝酒，结果会怎样呢？一来，你的人生理想更加难以实现，哪怕有机会再从政，也会难以胜任。

4. 感悟酒德

做人有道德，喝酒有酒德。中国古代的酒道，精髓就是"中和"二字，主张对酒无适饮。喝酒当适量，不该喝醉，可千万别贪杯，有损自己个人形象。

至此，在平时的日常生活中，我们面对人生失意，应该理性思考，分析失败的原因，吸取经验教训，用合理的方式化解心中的烦恼，千万不要借酒消愁。

四、课堂总结

这节课我们站在李白的立场，还原了当时李白与好友一起畅快喝酒的现场，通过四个任务的依次解决，我们明白，整首诗感情奔放，气势磅礴，洋溢着诗人的人生豪情。李白为诗而生，为酒而生。酒，成就了李白，李白丰富了酒的内涵。全诗围绕一个"愁"字展开，作者因愁而悲叹时光易逝，因愁而纵酒作乐，因愁而慷慨愤激，也因愁而狂放失态，表现了作者一种怀才不遇又渴望用世的矛盾复杂的情感。但是作者的狂歌痛饮毕竟是一种消极行为，我们可以敬其人，好其诗，但不能仿其行。这首诗告诉我们时光飞逝，人生苦短，做人要及时行乐，不要特别在意别人对你的看法，但是作者在人生失意之时，不应该借酒消愁，可以换一种乐观的方式来消愁，毕竟人生不如意之事十之八九，我们应该选择更好的方式来消除烦恼。

（朱爱玲）

中篇

领略理性、智慧的魅力

——《改造我们的学习》任务群教学设计

一、学习目标

1. 领会文章的理性智慧，理解文章的思辨性、针对性、现实性和批判性；提高学生理论联系实际的认识水平。

2. 掌握阅读方法，学会梳理理论文章的思路；分析文章采用的多种论证方法，学习论述问题的辩证思维和严密逻辑；品味文章的语言特色，体会论证语言严密、准确和生动的特性。

二、课堂导入

仙韵文学社《仙之韵》期刊拟在"跟着名家学写作"栏目中，推出毛泽东的《改造我们的学习》。假设你是栏目负责人，请为本期栏目做一期文案策划，主要包括设置子目录、拟写子目录名称并设置相应的内容。

三、具体任务

任务一：厘清论证思路，领略逻辑的魅力

1. 了解写作背景。

要求：用简洁的文字推介《改造我们的学习》的写作背景、目的和对象场合。

学生活动：查阅资料，了解文章的写作背景，形成文字说明。

示例：中国共产党在历史上曾出现过几次"左"倾和右倾的错误，给革命事业造成了巨大损失。其根本原因是不从中国革命的实际出发，而是从主观臆断出发；不能把马列主义理论同中国革命的实际相结合，而是用教条主义的态度对待马列主义理论。党在1941年发动了著名的延安整风运动来"整顿三风"——反对主观主义以整顿学风，反对宗派主义以整顿党风，反对党八股以整顿文风。当时，毛泽东同志做了三个报告——《改造我们的学习》《整顿党的作风》《反对党八股》。《改造我们的学习》标志着延安整风运动的开始，是延安整风运动的纲领性文件。

2. 拟写小标题。

要求：用简洁的文字为每一部分拟写一个小标题。

学生活动：仔细阅读文本，在圈点勾画出课文的关键词或关键句的基础上，进行提炼、归纳。

提示：关键词句是从全文中筛选提炼出来的能概括全文或段落主要内容的句子和词语；在说理文中，关键句一般为观点句、总起句和总结句等，通常出现在段落的开头或结尾；关键词除核心概念外，还包括重要的虚词。

示例：

观点句：我主张将我们全党的学习方法和学习制度改造一下。

总起句：

中国共产党的二十年，就是马克思列宁主义的普遍真理和中国革命的具体实践日益结合的二十年。

但是我们还是有缺点的，而且还有很大的缺点。

为了反复地说明这个意思，我想将两种互相对立的态度对照地讲一下。

依据上述意见,我有下列提议。

总结句:

所有这些,都是很好的现象。

上面我说了三方面的情形……

确实存在着这种典型,而且为数相当地多,危害相当地大,不可等闲视之的。

核心概念:研究现状、研究历史、注重马克思列宁主义的应用,主观主义的态度、马克思列宁主义的态度、理论和实际统一,研究周围环境、聚焦人才、研究中国革命实际问题。

重要虚词:首先、其次、虽则……但是……、仅仅、只有……才……

小标题示例:

第一部分:很好的现象

第二部分:很大的缺点

第三部分:两种相互对立的态度

第四部分:三条解决问题的提议

小结:本文逻辑严密,论证思路十分清晰。作者按"提出问题—分析问题—解决问题"的思路组织文章,先开门见山地提出"我主张将我们全党的学习方法和学习制度改造一下"。接着论证为什么要改造我们的学习:先从正面讲,"中国共产党的二十年,就是马克思列宁主义的普遍真理和中国革命的具体实践日益结合的二十年";紧接着笔锋一转,用"但是我们还是有缺点的,而且还有很大的缺点",从反面论证改造我们的学习的重要性;随后将主观主义态度和马克思列宁主义态度对照着讲,在比较中明确将理论和实际相统一。在分析的基础上提出改造我们的学习的具体方法,即研究周围环境、研究中国史、理论联系实际。

3. 绘制思维导图。

要求:用合理的形式呈现文本的结构脉络,使读者一看就懂。

学生活动:根据对课文结构思路的梳理,绘制思维导图;小组交流讨论,选出最符合课文论证思路的作品,共同修改,达成共识后派代表展示并作说明。

示例:

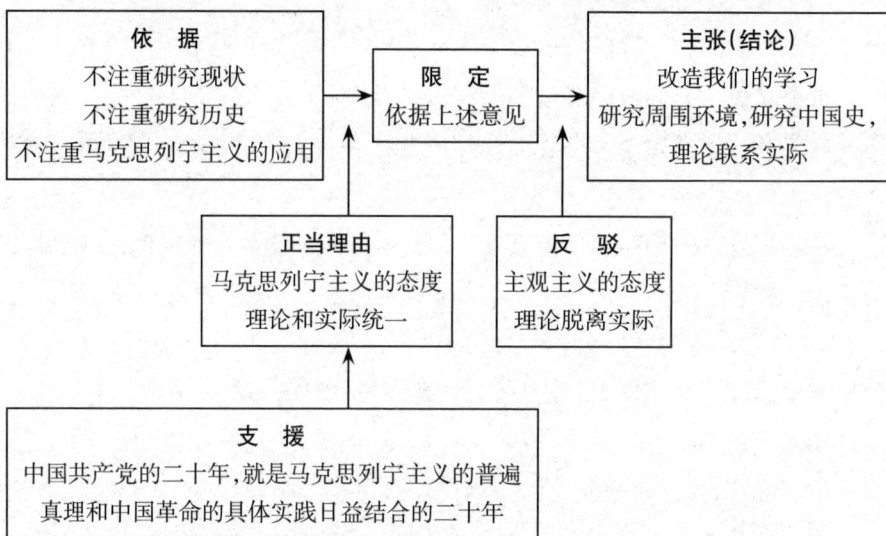

4.总结方法。通过对本课论证思路的梳理,在理论文章的阅读方面,你有什么收获和启示?

示例:理论文章的结构思路通常完整、严密,阅读此类文章首先可以通过抓住关键词句,筛选主要观点、核心概念等重要信息;其次要借助过渡句、关联词等厘清层次间的逻辑关系;最后可绘制思维导图,进一步明确文章的层次结构。

任务二:探讨论证方法,领略雄辩的魅力

1.分析论证方法。

学生活动:为了更充分更有力地论证观点,本文采用了多种论证方法,有举例论证、引用论证、对比论证、比喻论证、因果论证、假设论证等。请选取第二部分或第三部分,以之为例,小组讨论举例分析其论证方法。

示例:第三部分

①对比论证:"主观主义的态度"和"马克思列宁主义的态度"正反对比,鲜明而深刻地阐明要摒弃主观主义态度,采取马克思列宁主义的态度。

②举例论证:论证"凭主观,忽视客观实际事物的存在"时,以"做研究工

作的"许多人和"做实际工作的"许多人为例,贴近现实情况和真实生活,现实性和针对性很强,很有说服力。

③引用论证:既有科学严谨的理论引用,如论述"马克思列宁主义的态度",先引用斯大林的话"把革命气概和实际精神结合起来";又有通俗接地气的引用,如对联"墙上芦苇,头重脚轻根底浅;山间竹笋,嘴尖皮厚腹中空",对于"徒有虚名并无实学的人"的讽刺可谓一针见血。

④比喻论证:用"的"来比喻中国革命,用"矢"比喻马克思列宁主义,化抽象为形象,通俗易懂,易于为党员干部接受。

⑤假设论证:"如果有了这种态度(马克思列宁主义的态度)",从"主观主义的态度"的反面假设,指出主观主义态度的错误,进而说明马克思列宁主义态度的意义。

2. 学以致用。

学生活动:请以"演戏人生,于社会的发展是何其重要"为开头写一段话,至少运用一种论证方法,200字左右。

示例:演戏人生,于社会的发展是何其重要。古今中外,都是如此。面对黑暗的社会,鲁迅挺身而出,以笔为武器,在铁屋中的呐喊,唤醒了无数昏睡的人;面对分裂的美国,林肯挺身而出,以坚定的意志、卓越的才能,带领人民结束内战、重建家园;面对"左"倾和右倾的错误,毛泽东挺身而出,以科学的理论,坚定带领中国人民走向一个又一个胜利。为什么明知前方有艰难险阻,仍有无数的人前仆后继,走上舞台呢?那是因为时代需要他们,社会需要他们。而深知这一点并能挺身而出的人,恰恰是一个国家、一个社会的脊梁。因此,社会需要这样的演戏人生,而这样的演戏人生必将推动历史的车轮。

任务三:品味论证语言,领略表达的魅力

学生活动:一篇成功的论述文,需要鲜明的观点、严密的逻辑,更需要富于感染力的语言。本文论证语言准确严密,形象鲜明,通俗生动,语势磅礴,具有极强的号召性和感染力。请在课文中作批注,赏析本文语言的精妙之处。

示例：

精准选词，语言准确。

①"改造我们的学习"，"改造"能否换成"改变""改善"等其他的词？

明确：不能。"改造"指就原有的事物加以修改或变更，使适合需要；或从根本上改变旧的、建立新的，使适应新的形式和需要。侧重在从根本上改变，并使适合或适应形式和需要。"改变"意为事物发生显著差别或改换、更动，侧重变化本身。"改善"改变原有情况使好一些，侧重在原来基础上朝好的方向发展。结合写作背景，"改造"用在此处最为合适。

②"现在我们队伍中确有许多同志被这种作风带坏了""很多留学生都犯过这种毛病"中的"许多""很多"为什么不能去掉？

明确："许多""很多"限定了范围，多但不是全部，如果去掉就犯了以偏概全的毛病。

使用关联词，论证严密。

关联词的使用，有助于表明语义的转折与强调，使句子、段落联系紧密；在论述文中，合理使用关联词，能使思维更缜密。本文大量使用关联词，请举例分析。

明确："当然，上面我所说的是我们党里的极坏的典型，不是说普遍如此。但是确实存在着这种典型，而且为数相当地多，危害相当地大，不可等闲视之的。"这是第二部分的最后一段。表述并列关系的关联词"是……不是……"先肯定后否定，先点明这是"极坏的典型"，后指出不是普遍现象，表述客观严谨；紧接着用"但是"转折，"而且"递进，让人看到问题确实存在而且危害严重。针对性强，体现了作者严密的逻辑思路。

排比句式，反复修辞，增强语势。

本文大量使用排比和反复手法。"这种作风，拿了律己，则害了自己；拿了教人，就害了别人；拿了指导革命，则害了革命。总之，这种反科学的反马克思列宁主义的主观主义的方法，是共产党的大敌，是工人阶级的大敌，是人民的大敌，是民族的大敌，是党性不纯的一种表现。大敌当前，我们有打倒它的必要。只有打倒了主观主义，马克思列宁主义的真理才会抬头，党性才会巩固，人民才会胜利。"这属于比较典型的集中使用排比句的段落。三组排比句的连用,把主观主义影响下的作风危害极大、"主观主义的方法"是"大敌"、必须打倒主观主义的思想表达得淋漓尽致;排山倒海的气势,增强了语言的感染力和表达效果,更容易感染读者或听众,从而实现有效说理的目的。

俗语、口语,比喻修辞,语言生动活泼。

"闭塞眼睛捉麻雀""瞎子摸象"等俗语,"甲乙丙丁""一二三四"等口语俯拾皆是。几乎每部分都有形象的比喻,如用"武器"来比喻马克思列宁主义真理;用"留声机"来比喻留学生,生动地突出了他们不懂得理论联系实际的缺点;用"的"来比喻中国革命,用"矢"比喻马克思列宁主义,化抽象为形象;"墙上芦苇,头重脚轻根底浅;山间竹笋,嘴尖皮厚腹中空"这副对联,更是惟妙惟肖地描绘了"徒有虚名并无实学的人"。俗语、口语、比喻修辞的运用,使得论证的语言生动形象,增加了文章打动人心的魅力。

任务四:设置子目录并拟写子目录名称

学生活动:根据教师提供的文案范例,小组讨论设置文案子目录,写出子目录的名称。

子目录名称示例:知人论世——图解文—议论透辟—语言有味

四、课堂总结

这篇讲话稿,观点鲜明,逻辑结构清晰。毛泽东同志综合运用多种论证手法,以准确严密、鲜明形象、通俗生动的语言,磅礴的气势,号召、指导全党改造学习,充满理性智慧的魅力。作为新时代的新青年,我们学习这篇文章,既要学习论证的思路、方法、语言,更要树立理论联系实际的正确学风,提高自己的认识水平和思想水平。

(张灵侠)

领略理性、智慧的魅力

语言的盛宴　思想的刻刀

——《记念刘和珍君》《为了忘却的记念》联读

一、学习目标

1. 鉴赏鲁迅写人记事散文的语言艺术。
2. 体会鲁迅流露在字里行间深邃的"悲愤"情感和深刻的思想。

二、课堂导入

《觉醒年代》的热播，再次让大家感受到鲁迅极高的人气，不少观众更是直呼"鲁迅从课本里走出来了"。今年又是鲁迅诞辰140周年，学校特举行"鲁迅好文种草计划"，如果你是"种草人"，怎样从《记念刘和珍君》《为了忘却的记念》两篇课文开始你的"种草"任务呢？

三、具体任务

任务一："种草"人物

通读两篇课文，作者写了哪几件事来刻画笔下的青年形象的？写出了他们的什么特点？

明确1：

（1）事迹：①生前就很爱看鲁迅的文章；②虽生活艰难，却毅然预定了全年的《莽原》；③成为学生自治会职员；④常常微笑着，态度很温和；⑤虑及母校前途，黯然至于泣下；⑥不为势利所屈，反抗反动校长；⑦"欣然前往"参加请愿运动;⑧中弹牺牲。

（2）性格特点:①向往革命,渴求真理,追求进步;②有组织能力,有威信;③本性善良,为人和蔼;④有很强的使命感和责任感;⑤嫉恶如仇,勇于反抗;⑥热心政治运动,勇赴国难,不惧牺牲。

明确2:

（1）事迹:①对彼得裴传和诗的翻译及有意曲译;②与鲁迅初次见面后来信并坦率地表示"很悔和我相见";③刚从狱中释出,热天穿厚棉袍、汗流满面,却毫无愁苦地便登门;④拜访鲁迅,并告知自己是革命者。

（2）性格特点:勤奋坦诚、爱憎分明、坚强乐观的革命文学青年的形象。

思考:以上的分析中这些青年身上有什么共同点？说说最打动你的地方。（小组讨论交流）

过渡:如此可爱进步的青年,却惨遭反动派的杀害,鲁迅先生内心的悲愤可想而知,他是如何表达的呢？

任务二:"种草"语言

"鲁迅的语言,往往使人在寥寥数语中,体察到他的政治立场,他的深刻的对于社会的观察,他的热烈的对于民众的同情。"——瞿秋白

找出文中最能表达作者情感的句子。说说两篇文章的语言表达的不同之处及原因。

1. 沉默啊,沉默啊！不在沉默中爆发,就在沉默中灭亡。

2. 苟活者在淡红的血色中,会依稀看见微茫的希望;真的猛士,将更奋然而前行。

3. 当三个女子从容地转辗于文明人所发明的枪弹的攒射中的时候,这是怎样的一个惊心动魄的伟大呵！中国军人的屠戮妇婴的伟绩,八国联军的惩创学生的武功,不幸全被这几缕血痕抹杀了。

4. 我沉重地感到我失掉了很好的朋友,中国失掉了很好的青年,我在悲愤中沉静下去了,然而积习却从沉静中抬起头来,凑成了这样的几句。

5. 我又沉重地感到我失掉了很好的朋友,中国失掉了很好的青年,我在悲愤中沉静下去了,不料积习又从沉静中抬起头来,写下了以上那些字。

语言的盛宴　思想的刻刀

小结:两篇文章语言,爱恨悲喜,巧妙交织。但从表达技巧来看,1、2、3句中语言运用反复、反语等修辞手法,表达对烈士的爱和对反动派的憎恨,感情更加的强烈。而4、5句中同样运用了重复相似的句子但语言更加含蓄,感情更加隐忍克制。

思考:两文同样表达"悲愤"之情为什么有这些不同?

引导学生进一步分析,如写作背景、鲁迅思想的前后变化等。

过渡:探寻鲁迅思想发展的不同阶段,呐喊过,彷徨过,失望过,绝望过,但从未放弃过,他认为未来希望就在青年身上,所以他爱护青年、资助青年,他也成为青年心中的"先生"。

任务三:角色转换之间,探寻"先生之风"

1. 根据文中内容叙述鲁迅和青年的交往的故事,写一写你眼中的"先生之风"。

从以下几个人物中任选一个。

刘和珍说:"_____"

白莽说:"_____"

柔石说:"_____"

2. 根据文章内容设想一下在"流言家"、庸人、段祺瑞政府、国民党反动政府眼里鲁迅先生是"合格公民"吗? 说说你的理由。

"庸人"眼里:_____

"流言家"说他:_____

段祺瑞政府对他:_____

国民党反动政府对他:_____

(以上结合学生回答,还可以结合鲁迅经典名言理解其思想,引起学生的兴趣,比如"从来如此,便对吗"等。)

过渡:从这两篇文章中我们认识了鲁迅笔下的几位可爱进步的青年形象,在一百年前风雨飘摇的动荡年代,他们追寻光明,舍生忘死,为我们民族的进步献出了青春力量;我们同时也从文字背后了解到一颗伟大的灵魂,不因时光流逝而远去。

任务四：鲁迅作品"种草"

有人认为，鲁迅离我们太远了，作品又难以理解，不读鲁迅也罢。作为当代青年的你认为还需要读鲁迅吗？

请你写一段"种草"鲁迅作品的文字200字左右。

示例：在那个积贫积弱、内忧外患的时代，鲁迅的作品曾被无数青年学生争相阅读，他成为了那个时代青年的偶像、精神导师。140年后的今天从各种"鲁迅说"到各种"鲁迅表情包"，鲁迅仍是当代青年的"精神爱豆"，究其原因，还是因为鲁迅的文章，他的文章不仅是语言的盛宴，其思想的深度和高度也是别人无法企及的。他用笔刻出了世俗人性的苍凉可悲，用寥寥数笔刻画出青年的可爱，更难能可贵的是他也无情地刻向自己的灵魂，清醒而自知。你想了解一个时代就读读鲁迅吧，你想让自己变深刻就读读鲁迅吧。在这样一个喧嚣的时代，我们更要从他的文学作品中去汲取力量。

课后作业：

1. 学习了这篇课文，相信你对鲁迅的语言有更深的体会。结合所学，仿写一段"鲁迅式"的语言，表达疫情时代的感受。

2. 这两篇文章都可以算是纪念文章的典范，"情贯全篇，意味深长"，选材精练，突出人物特点。请你学习本文写法，写一个人，表达对他的纪念之情。

（李巧云）

战争下的别样诗意

——《荷花淀》学习任务群设计

一、学习目标

1. 品析作品诗意化的语言,感受孙犁"诗体小说"特点。

2. 赏析文章环境描写及人物形象塑造,感悟小说中诗情画意的意境之美以及人情之美。

3. 体会作品中传递的白洋淀地区人们的革命乐观主义精神。

二、情境设置

白洋淀风景区是我国著名的五A级旅游景区,为使游客能进一步感受白洋淀的历史文化与风俗民情,现计划以孙犁的《荷花淀》小说为原型,在景区内打造一个全新的旅游景点,供游客体验游览。作为景区的管理人员,请你仔细研读孙犁的《荷花淀》,为园区的设计出谋划策,从而更好地服务游客。

三、具体任务

任务一:感受自然风光

作为旅游景区,美丽的自然风光是游客进入游览的第一观感,一样的荷花淀,不同时段,不同氛围之下,自有不同的风景。为使游客更全面地感受白洋淀自然风光之美,景区决定根据《荷花淀》小说当中的环境描写,拍摄一组宣传片。

1. 确定宣传画面

(学生分组合作，找出课文中的有关的环境描写，讨论归类，并从中选择突出意象作为宣传片拍摄特写，表达自己想要传达的风景之美。)

明确：《荷花淀》课文当中涉及的环境描写比较集中的主要有三处：文章第1、3自然段——月下白洋淀，第40自然段——晌午时分白洋淀，第61自然段——午后白洋淀。三处环境描写各有侧重，描绘了荷花淀不同的风景之美。

第1、3自然段：

特写意象：月亮、苇眉子、银白的白洋淀、雾、女人

风景之美：皎洁的月色，凉爽干净的天气，薄而透明的白雾，洁白的苇席，洁白的淀子，新鲜的荷叶荷花香，再加上坐在院子当中手上却劳作不歇的女人，在作者诗意化的描述之下，整幅画面给人清新、宁静之感，充分体现了月下白洋淀的夜景之美。

探讨：既然是拍摄自然风光的宣传片，那在这个画面当中的女人是否应该删去，只保留风景？

(学生讨论后明确，不可删去，相比起单纯清新宁静的白洋淀风景，女人的存在使画面多了一丝动态美，劳作不歇的双手以及身下洁白的苇席，使人在感受到白洋淀的风光美之外，更体验到一种生活之美与人情之美。)

第40自然段：

特写意象：晴空、空阔的水面、被风吹拂得微微摇动的苇尖、浮动跳跃的水面波光

风景之美：日光朗照，晴空万里，凉风微拂，水面空阔，再加上跳跃的波光，静寂而辽阔的白洋淀给人明丽愉悦之感，写出了晌午时分白洋淀的风光之美。

第61自然段：

特写意象：荷叶、荷花

风景之美：荷叶挨得密密层层，荷花高高挺出水面，"像铜墙铁壁""是监视的哨兵"，独特的比喻使白洋淀在生机盎然的风光之余多了一丝大战来临前的紧张感，但同时又让人感受到安全感。体现了午后白洋淀的自然之美。

2. 选择宣传片配乐

确定宣传片内容之后,我们还需根据画面内容为这组宣传片选择合适的配乐,请谈谈你的意见。

明确:三处环境描写呈现出不同的自然风光之美:第一处,写白洋淀夜景,清新宁静的画面更适合舒缓柔和的音乐;第二处,写晌午时分的白洋淀,画面空阔却给人愉悦之感,适合节奏轻快喜悦的音乐;第三处,写午后的白洋淀,生机勃勃之中隐隐透出紧张感,应该选用相对急促的音乐。

(这个环节的设计意在使学生通过音乐的选择进一步感受三处环境描写在不同的意象和语境氛围下给人不同的风光体验。)

3. 挑选宣传册插图

下面四幅图中,你觉得哪一幅最适合拿来作为宣传册的插图,请说明理由。

(图一)

(图二)

(图三)

(图四)

明确:图一描绘的画面内容照应课文中水生及男人们在荷花淀中埋伏

袭击敌人的情节,画面中虽然有荷叶荷花,但是主体画面是埋伏中的战士们,不能体现荷花淀的自然风光,因此不合适。

图二是女人们在宽阔的白洋淀上划船的画面,照应课文晌午白洋淀的情节,画面大量留白,展示白洋淀水面的宽阔,但是在自然风光展示方面仍显不足,因此不合适。

图三是水生在白洋淀的荷花丛中捞饼干盒子,照应课文男人们袭击敌人胜利后在水中打捞战利品的情节,画面虽然也有荷花荷叶的描绘,但是画面主体为水生,对白洋淀的自然风光的美好展示不足,因此不适合作为插图。

图四是几个女人撑着小船穿行在密密层层的荷花荷叶当中,画面配色红绿相间,颜色艳丽,密集的荷叶,高挑盛开的荷花,既照应了课文情节,又透出一种诗情画意,很好地展示了白洋淀的自然之美,相对来说,最适合作为插图。

任务二:赏析人物群像

感受了白洋淀的自然风光之后,景区还将设置一处人物群像展览馆,以便游客进一步感受白洋淀的人文之美。请仔细品读《荷花淀》课文中相关人物描写,完成下面几个任务。

1. 挑选塑像原型。

景区将根据《荷花淀》课文中出现的人物,设计几个雕塑,布置在展览馆内,请你品析小说当中的人物形象,挑选塑像原型,并说明理由。

明确:课文塑造了包括水生、水生嫂及女人们等一系列人物形象。

水生的形象相对单一,"我第一个举手报了名的"表现他革命的积极,水中捞战利品表现他作战的英勇及动作的敏捷,如果以水生作为塑像原型的话,可以设计他与水生嫂话别、荷花丛中埋伏、水中打捞战利品等形象。

水生嫂的形象则要丰富得多,在与丈夫话别之时,看到丈夫晚归而来就自然地想去端饭,表现出她的温柔体贴;听到丈夫说明天要到大部队去,震动之下手被苇眉子划破了,不动声色地把手指放到嘴里吮吸,表现她的隐忍、顾全大局;丈夫说自己是"第一个举手报名的",她也只是低声说一句"你总是很积极的",又委屈又自豪的心理表露无遗,"你走,我不拦你""你明白家里的困难就好了"表现她对丈夫的理解支持,深明大义。总之,课文中的水生嫂是一个勤劳善良、温柔体贴、柔韧坚强、顾全大局的女性形象,如果以她作为塑像原型的话,可以设计她月下编席等丈夫归来、送别丈夫、白洋淀上划船等形象。

女人们的形象既模糊又鲜明,一方面她们没有具体的姓名与外貌特征,只是一个模糊的形象存在,但另一方面通过人物语言又能感受到她们鲜明的性格特征。比如在商议探望丈夫的情节中,五个女人或文静含蓄或心直口快或稳重谨慎或急性冒失或忸怩腼腆的性格随着人物台词显露无遗。在遇见敌人的时候,她们"摇橹的手并没有慌",当机立断决定把小船划进荷花淀,因为敌人的大船进不去,并暗暗下决定,"假如敌人追上了,就跳到水里去死吧"!把一群坚贞、勇敢、镇定、聪敏的女性群体形象塑造得极其生动。如果以她们作为塑像原型,可以设计商议探夫、荷花淀中划船、学习射击等形象。

2. 演绎剧本片段

景区准备将《荷花淀》改编成舞台剧在展览馆内上演,请你挑选其中最喜欢的片段与搭档共同演绎,呈现白洋淀的人文之美。

明确:剧本演绎能更立体化地展示人物形象,让学生在台词演绎当中对人物形象有更进一步的揣摩。课文比较典型的人物片段有与夫话别、商议探夫、水中遇敌、归途说笑等,各个片段对人物形象塑造各有侧重,比如与夫话别主要塑造了水生嫂温柔坚韧顾全大局的人物形象,商议探夫塑造了五位妇女思念丈夫却各寻理由的可爱形象,水中遇敌塑造了妇女们临危不惧、坚贞勇敢的形象,归途说笑塑造了妇女们不甘落后、乐观自信的形象。学生挑选其中一个片段进行演绎,可适当进行补充或改编。之后,小组与小组之间可以就人物形象演绎、人物台词改编等方面互相品评。

任务三:品味诗意文化

有人说孙犁的小说总是在乡土气息当中融合着诗情画意,因此,孙犁的小说也被称为"诗体小说",作为孙犁小说代表作的《荷花淀》自然更是其中代表,找出课文中你认为充满诗意的语句片段进行诵读或改写,品味战争文学下的诗意文化。

1. 女人坐在小院当中,手指上缠绞着柔滑修长的苇眉子。苇眉子又薄又细,在她怀里跳跃着。

2. 她有时望望淀里,淀里也是一片银白世界。水面笼起一层薄薄透明的雾,风吹过来,带着新鲜的荷叶荷花香。

3. 水面没有一只船,水像无边的跳荡的水银。

4. 她们轻轻划着船,船两边的水哗,哗,哗。……那棵菱角就又安安稳稳浮在水面上生长去了。

5. 那一望无边际的密密层层的大荷叶,迎着阳光舒展开,就像铜墙铁壁一样。粉色荷花箭高高地挺出来,是监视白洋淀的哨兵吧!

任务四:撰写推荐语

风景区内有荷园、文化苑、民俗村等著名景点区域,你觉得咱们这个《荷花淀》景点应该归入哪个区域? 请说明理由,并为景点写一段推荐语。

理由示例:我认为应该并入文化苑,虽然文章中有不少荷花淀风景自然的描写,也有荷花荷叶的特写,但是这篇文章的动人之处在于人们在战争背景下所表现出来的积极乐观、坚贞顽强的精神品质,让人感受到人情之美,作者文字中充斥的诗情画意更是让人有诗意文化的体味,因此我认为,将《荷花淀》景点归入文化苑更合适。

推荐语示例:明明是炮火硝烟的战争背景,在这里你却看不到断壁颓垣家园破败,看不到流血牺牲亲人离散,呈现在你眼前的是明丽愉悦的自然风光,是同仇敌忾的积极乐观,战争的阴霾在诗情画意的文笔描述下消散不见,欢迎来到《荷花淀》,感受风光之美,感受人情之美,感受战争下别样的诗意之美!

四、课堂总结

今天这堂课我们通过四个情境任务,分别从环境、人物、语言等方面赏析了孙犁的《荷花淀》,区别于传统战争文学中表现出来的残酷严肃,这篇文章在环境、人物、语言各方面都呈现出一种诗意的美感,从而弱化了战争的残酷,让人感受到风景之美与人情之美,体现了人们的革命乐观主义精神。

(李 燕)

匠心独运的"反衬"

——《屈原列传》中次要人物的形象及意义

一、学习目标

1. 通过品析次要人物的语言及细节,对比反衬出主要人物屈原的正直、忠贞与坚决。

2. 学会"设身处地",代入其中人物换位思考,比较得出其形象特质。

3. 透过太史公的"微言大义",感受太史公对于屈原的态度,探析其写作目的。

二、课堂导入

同学们是否看过《甄嬛传》这部电视剧?可能没看过,但应该也都略有听闻。作为一部现象级的电视剧,其播放量至今已达127亿次。这部电视剧中,让人印象深刻的不仅仅是主角甄嬛,还有诸多形象鲜明、为人所津津乐道的配角,譬如华妃、安陵容、沈眉庄等等。

可见,一部戏的成功,离不开"群像"的成功,正因为有了这么多"次要人物"的烘托,才有了"主要人物"甄嬛的家喻户晓。

而我们今天要一起来读的这篇《屈原列传》就是这样一幅"群像"图。我们会发现,整篇文章中,直写屈原的笔墨并不多,而写到那些次要人物的文字似乎占了更多篇幅。这些次要人物的刻画,对屈原立体形象的塑造,究竟是一种"偏离题意",还是一种更高形式的"点题升华"?

三、具体任务

让我们先来理一理这其中的次要人物都有哪些人？有楚怀王、上官大夫、张仪、子兰、顷襄王、渔父等。他们都是怎样的人？他们又能映衬出屈原怎样的特质？我们一一来看。

任务一：借上官大夫之奸谗反衬屈原之正直

（一）思考上官大夫为何谗之？

"上官大夫与之同列，争宠而心害其能。怀王使屈原造为宪令，屈平属草稿未定。上官大夫见而欲夺之，屈平不与，因谗之曰：'王使屈平为令，众莫不知。每一令出，平伐其功，曰以为"非我莫能为也"。'王怒而疏屈平。"

【探究】同学们可结合自己看过的文学或影视作品，思考在怎么样的情况下一个人才会去"谗"另一个人。

【点拨】

1. 因其与屈原同列共存。俗语有云：一山难容"二虎"，而不是难容"狮虎""虎猴"等。正因同列，利益直接相关，必须加以攻讦。

2. 因屈原才能过人。"博闻强志，明于治乱，娴于辞令。"正所谓木秀于林，风必摧之。

3. 因屈原势头正猛。前文提及"入则与王图议国事，以出号令；出则接遇宾客，应对诸侯。王甚任之。"内外兼为核心要员，此时的屈原可算是"朝堂间最当红之人"。

（二）上官大夫"如何"谗之？

【探究】上官大夫的这番谗言真是教科书级别，虽然简短，却极具杀伤力。请换位思考，假如你是楚怀王，你会因为听到哪个词，而心生怒意？

【点拨】

1. "王使"。盛赞君王知人善任，以强调王之绝对高位。是谓"欲抑先扬"。

2. "每""伐"。"每"是强调次数之频繁；"伐"本义战场上武力杀戮以获取功绩，此处为自我夸耀。

3. "非我"。其表达突转，从第三人称转入第一人称，犹如亲历现场，楚怀王听之怒气骤升。

（三）屈原如何面对谗言？

【思考】南宋理学家吕祖谦曾说："人二三十年读圣人书，一旦遇事，便与里巷人无异，只缘读书不作有用看故也。何取？观史如身在其中，见事之利害，时而祸患，必掩卷自思，使我遇此等事，当作何处之。如此观史，学问亦可以进，智识亦可以高，方为有益。"可见，我们在读这样的史书时，一定要学会设身处地。

那么如果你是屈原，会怎么面对？

【预设】

1. 可能会自我辩驳，据理力争，毕竟"娴于辞令"，为自己申辩几句无可厚非。

2. 私下派人暗杀上官大夫。对方来阴的，我方也可以。

然而事实上屈原都没有这么做。他选择的是，"屈平疾王听之不聪也，谗谄之蔽明也，邪曲之害公也，方正之不容也，故忧愁幽思而作《离骚》……信而见疑，忠而被谤，能无怨乎？屈平之作《离骚》，盖自怨生也。"

他选择相信"清者自清"。一来没有直言顶撞怀王，二来没有暗自报复上官大夫，亦没有自暴自弃逃离朝政。而是选择以写作《离骚》的方式自我排解，同时继续关心关注着国家与君王的生死存亡。

这是正人君子的选择，非常人能有所为。

任务二：借楚怀王之昏庸反衬屈原之忠贞

（一）楚怀王身边都聚集了怎样的一群人？他究竟有多昏庸？请熟读原文，找到依据。

1. 奸臣——信上官，疏屈原。

这一部分在上一任务探究中已经得到体现，楚怀王仅凭大夫一己之言，仅凭个人意气用事，没有任何的犹疑，就轻易疏远屈原，可见其昏庸。

2. 卧底——信张仪，绝齐地。

张仪，战国时期魏国人，是著名的纵横家、外交家和谋略家。早年跟随鬼谷子学习纵横之术，尤善于外交辩解。在他学成后进入秦国为相，并率先创立了"连横"的外交策略，游说六国亲近秦国，从而破六国合纵联盟。在战国后期,秦国为了对抗日益强大的楚齐联盟,派遣张仪假装离开秦国而去辅佐楚国。

乃令张仪佯去秦,厚币委质事楚,曰:"秦甚憎齐,齐与楚从亲,楚诚能绝齐,秦愿献商、於之地六百里。"楚怀王贪而信张仪,遂绝齐……

这段话非常直白地体现了楚怀王昏庸无能、贪婪无度的形象。类似的表述在《史记·张仪列传》中也有刻画。

陈轸对曰:"夫秦之所以重楚者,以其有齐也。今闭关绝约於齐,则楚孤。秦奚贪夫孤国,而与之商於之地六百里?张仪至秦,必负王,是北绝齐交,西生患於秦也,而两国之兵必俱至。善为王计者,不若阴合而阳绝於齐,使人随张仪。苟与吾地,绝齐未晚也;不与吾地,阴合谋计也。"

在这段表述中,陈轸冷静分析其中利弊,作为臣子,他早已看穿张仪及秦国之阴谋,或者说是"阳谋",可谓一针见血。但楚王听到后的反应又是怎样的呢?

楚王曰:"原陈子闭口毋复言,以待寡人得地。"

请你陈先生闭上嘴巴,不要再说废话了,等着看我去接收大片土地吧!

其妄自尊大、目中无人可见一斑,最后楚国衰微的形势也是可以想见的。

3. 宠姬——信郑袖,释张仪。

俗语有云:"人不会在同一个地方摔倒两次。"但楚怀王做到了。在终于知晓张仪的阴谋后,楚怀王先是"无能狂怒",宁可不要土地也要折磨张仪。可是,仅仅一晚上之后,他就又释放了张仪。这是什么原因?原文是如何说的?

"(靳尚)设诡辩于怀王之宠姬郑袖。怀王竟听郑袖,复释去张仪。"

原来靳尚被张仪私下贿赂,让他利用怀王宠姬郑袖对于失宠的恐惧,从而迷惑怀王。一国之君,身边满是贪婪之臣、徇私之女,可谓"物以类聚,人以群分"。

4. 不肖子——信子兰,丧于秦。

诸侯共击楚,大破之,杀其将唐眛。时秦昭王与楚婚,欲与怀王会。怀王欲行,屈平曰:"秦,虎狼之国,不可信,不如毋行。"怀王稚子子兰劝王行:

"奈何绝秦欢!"怀王卒行。

面对一场"鸿门宴",楚怀王去还是不去,去了有丧命之虞,不去又怕秦国直接翻脸。最后竟然因为年幼无能的子兰一己之言,贸然前行,最终命丧他乡。子兰可谓是"坑爹"的代表人物,也可见怀王其人优柔寡断、毫无主见。

(二)与前面这些人相比,屈原又是怎样做的?

是时屈原既疏,不复在位,使于齐,顾反,谏怀王曰:"何不杀张仪?"

怀王欲行,屈平曰:"秦,虎狼之国,不可信,不如毋行。"

屈平既嫉之,虽放流,眷顾楚国,系心怀王,不忘欲反。

当楚国江河日下,坠入深渊之时,屈原仍旧忠贞不弃,其高洁品质,光照人间。他人的言行越是丑陋,越是显得屈原的形象之光亮。

在屈原"见疏""既绌"之时,他依旧敢于谏言。即使已经明显感觉到被抛弃,却始终"眷顾楚国,系心怀王"。可谓"矢志不渝",其忠贞品质可歌可泣。

任务三:借渔父之豁达反衬屈原之坚守

【朗读】与同桌合作朗读渔父与屈原对话部分,读出不同人物形象。

【点拨】渔父:道家;超然旷达;"圣人不凝滞于物,而能与世推移。"

屈原:儒家;执着进取;"深思高举""身之察察""皓皓之白"。

渔父这一人物形象的刻画,代表着的是一种遗世独立、清高隐逸的人格理想,寄托着中国文人对与世无争超然生活的向往,他的"与世推移"与屈原的"深思高举"让我们窥见了道家思想和儒家思想这两个对立面,也让我们感受到屈原身上那种"知其不可而为之"的勇气与坚守。

【联读】屈原的《渔父》中,结尾稍有不同。

渔父莞尔而笑,鼓枻而去,乃歌曰:"沧浪之水清兮,可以濯吾缨;沧浪之水浊兮,可以濯吾足。"遂去,不复与言。

《屈原列传》则是以屈原对渔父的回答结束这段对话的。

屈原曰:"吾闻之,新沐者必弹冠,新浴者必振衣。人又谁能以身之察察,受物之汶汶者乎? 宁赴常流而葬乎江鱼腹中耳。又安能以皓皓之白,而蒙世之温蠖乎?"

【思考】这两句结尾的不同处理方式,有怎样的效果?

冯友兰先生说过:"中国文化中存在一种西方没有的精神,这就是当一个人认为他不能够拯救国家时,为了不在内疚中偷生,便选择赴死。"

《屈原列传》的结尾处理也能够预见他自沉汨罗江的结局,借渔父的豁达与世浮沉反衬出屈原的坚守执着,让人心生敬意。

任务四:太史公为何在结尾如此感慨?

太史公曰:余读《离骚》《天问》《招魂》《哀郢》,悲其志。适长沙,过屈原所自沉渊,未尝不垂涕,想见其为人。

【知人论世】请联系太史公个人生平际遇,思考其对屈原遭遇如此感慨的原因。

【点拨】太史公为李陵仗义执言,却因汉武帝一时蒙蔽,众臣声讨,最终以"欲沮贰师,为陵游说"被定为诬罔罪名。诬罔之罪为大不敬之罪,按律当斩。

同样面对主上的蒙蔽和小人的谗言,是决绝赴死,还是忍辱苟活?

司马迁毅然选择了以腐刑赎身死。为的就是完成那个心中父亲未曾完成过的理想,是以就极刑而无愠色。最终他选择忍辱苟活。太史公感慨于屈原之决绝,做了自己不敢做的事。虽其选择不同,但其精神内核与屈原同质。此可谓"史公与屈子同心"。

四、课堂总结

屈原的伟大我们从小就听闻,但希望通过这节课的学习,让大家更加清晰地知晓屈原的伟大之处究竟在哪里,而不是只知道一个标签化的"爱国诗人"。

让我们齐读鲁迅先生在《中国人失掉自信力了吗》写的这段话:"我们从古以来,就有埋头苦干的人,有拼命硬干的人,有为民请命的人,有舍身求法的人……这就是中国的脊梁。"正因为对这份伟大的理解与感谢,千百年以来人们一直悼念屈原、尊敬屈原。

(朱林鹏)

匠心独运的「反衬」

披文入理读史论

——《过秦论》《伶官传序》联读任务群设计

一、学习目标

1. 联系作者的时代背景,把握文章的主要观点和写作意图。

2. 比较两篇史论的不同的写作手法和论述风格。

3. 探究质疑观点及论证的合理性。

二、课堂导入

秦朝与五代之后唐,"其兴也勃焉,其亡也忽焉"。他们的速亡令人唏嘘不已,而速亡的原因也是众说纷纭。贾谊的《过秦论》评述秦亡的原因,是开史论先河的名篇,而欧阳修的《五代史·伶官传序》论说后唐的错谬,号称"《五代史》中的第一篇文字"。两篇文章从内容到形式都有许多相似之处,通过联读可以更清晰地了解史论文的特点。

三、具体任务

任务一:破解史论文的内涵特征

1.《过秦论》和《伶官传序》属于史论文章,史论文侧重对历史人物或历史事件发表议论,陈述观点。初读了解两文的论述对象、主要观点、写作目的和时代背景,填写下列表格。

表1 《过秦论》《伶官传序》比较

	《过秦论》	《伶官传序》	我的疑问
论述对象	秦朝灭亡的历史教训。	后唐灭亡的历史教训。	
主要观点	仁义不施,而攻守之势异也。	忧劳可以兴国,逸豫可以亡身。	
时代背景	汉初统治者,要求总结历史经验,从秦朝灭亡中吸取教训,进而采取新的统治政策,巩固新生政权。	北宋王朝,统治者生活骄奢淫逸,国库日渐亏空。为了充盈国库,也为了满足向外族交纳岁币,求得暂时的苟安,统治者对内加紧搜刮百姓,对外一味退让妥协,社会矛盾和民族矛盾日趋尖锐。	
写作目的	告诫西汉统治者要以秦为戒,施行仁政,争取民心,避免重蹈秦朝的覆辙。	告诫北宋统治者不要以土地、金钱向金辽求和。提醒统治者"忧劳兴国",避免"逸豫亡身""得之难而失之易",不要步后唐覆亡之后尘。	

《过秦论》《伶官传序》都是通过陈述历史来得出结论,它们陈述历史的角度有何不同?

《过秦论》通过铺陈历史,讲述从秦孝公到秦始皇,历代秦王励精图治使国家逐渐强大,而最后却"一夫作难,而七庙隳",从宏大的历史事件去分析影响王朝更替的因素;《五代史·伶官传序》则从极细微的角度切入纵说盛衰之理,将后唐灭亡的原因归结为庄宗宠溺伶人,逸豫亡身。

任务二:鉴赏史论文的语言艺术

优秀的史论文章往往文气贯通,文采斐然,具有较高的文学价值。反复诵读两篇文章,感受语言表达的魅力。

请以小组为单位,分组讨论鉴赏两篇文章的语言艺术。

(1)《过秦论》以赋为文,气势磅礴,雄浑高远,具有很强的艺术感染力。

赋是需要铺张和夸大的,文章开篇就用排比和对偶的手法铺陈秦国国势之强盛,"秦孝公据崤函之固,拥雍州之地,君臣固守以窥周室,有席卷天下,包举宇内,囊括四海之意,并吞八荒之心。"其中"席卷""包举""囊括""并吞"属于同义词,而"天下""宇内""四海""八荒"也属于同义词。用不同的词语表达同一个意思,增强文章的节奏感,使文辞瑰丽雄浑。

夸饰手法的运用也增强了文章的表现力,如"伏尸百万,流血漂橹",写秦用强力征服六国的惨况;"振长策而御宇内""鞭笞天下"写秦始皇一统天下后的暴烈。再如写陈涉"瓮牖绳枢之子,甿隶之人,而迁徙之徒也",用三句话强调他出生的卑贱,而这样的人揭竿而起,天下竟能"云集响应",可见秦统治者是多么不得人心,秦帝国迅速土崩瓦解也是理所当然。

(2)《五代史·伶官传序》则以散体写史论。文章中没有大量的铺叙记述,而是精选史实,选择重要史实,进行形象的叙述,讲述了唐庄宗李存勖的父亲李克用在临终时"赐三矢、托遗愿"的故事。文章多用短句,语言平易自然,文气流畅,这也正体现了欧阳修"文从字顺"的文章特点。

文中动词运用十分精准,其中写庄宗为父亲报仇时用的动词"藏""遣""告""请""盛""负""驱""纳"这些动词的连用,形象具体地展现了唐庄宗在最初受命时的谨小慎微,表现了为父亲报仇的毅力和决心,为下文中四处征战,屡屡获胜,开拓功绩做铺垫。而后面"系""函""入""还""告"等一系列动词的运用,描绘出唐庄宗为父报仇成功,凯旋而归的英勇君王形象,和最终收场时的狼狈,形成了鲜明的对比。

骈散结合,对偶句的运用使节奏鲜明,音调和谐,语言简洁凝练,加强了语言的表现力。如"满招损,谦受益""忧劳可以兴国,逸豫可以亡身",前后相互映衬,形成强烈对比,促使世人陷入思考,字数短小精悍却又蕴含着深刻的哲理和思辨。

任务三:鉴赏史论文的论证手法

资料一:金圣叹评《过秦论》:"过秦论"者,论秦之过也。秦过只是末句"仁义不施"一语便断尽。此通篇文字,只看得中间"然而"二字一转。未转以前,重叠只是论秦如此之强;既转以后,重叠只是论陈涉如此之微。通篇只得二句文字:一句只是以秦如此之强,一句只是以陈涉如此之微。至于前半有说六国时,此只是反衬秦;后半有说秦时,此只是反衬陈涉,最是疏奇之笔。

资料二:《古文观止》对《伶官传序》的总评是:"起手一提,已括全篇之意。次一段叙事,中后只是两扬两抑。低昂反复,感慨淋漓,直可与史迁相为颉颃。"

结合上述资料,分析两篇文章在行文和论证手法上有何相同之处?

两篇史论都采用了行文上的先扬后抑,对比论证层层递进的表现方法,都以先叙后议的方式得出结论。

1. 对比论证

《过秦论》用衬托对比手法,极力渲染秦的强大,反衬它的易亡;虚张六国合纵的声威,反衬秦人的善攻;备言陈涉的卑微弱小,与六国的煊赫强盛构成鲜明对比,突现了秦朝灭亡的基本原因。文章最后一段分别从地势、地位、武器、兵士、战术等方面探讨陈涉和六国的差距,最后得出攻守态势转变的原因是不施仁义。

《伶官传序》同样采用了对比的手法,主要是后唐的盛衰之比,先叙庄宗极盛的史实,再写其极衰的场面,后面总言兴亡,喟叹不已:"方其盛也,举天下之豪杰莫能与之争;及其衰也,数十伶人困之而身死国灭"。一盛一衰,先扬后抑,交错成文。通过盛衰之比,作者意在昭示忧劳兴国,逸乐亡身这样一个发人深思的历史教训。

2. 先抑后扬

唐彪《读书作文谱》说:"凡文欲发扬,先以数语束抑,令其气收敛,笔力屈曲,故谓之抑;抑后随以数语振发,乃谓之扬。"可见,抑与扬二者并用,形成强烈的对比和巨大的反差,既可造成文势的波澜起伏,更能使艺术形象光彩照人,思想感情鲜明突出。

《过秦论》从秦孝公写起,开篇起势就高,犹如开了闸门的江水,汪洋恣肆;到了惠文、武、昭襄继承霸业,格调继续上升;延及孝文王、庄襄王,"享国之日浅",格调变为平稳;到了秦始皇,从思想统一到强将利兵,层层强化,秦朝的强盛貌似升至最高点;然而最后,远比前朝五代强大的秦国居然灭亡了,而且是灭亡于草根百姓之手。强者被弱者所灭,贵者为贱者所亡。这是一个戏剧性的转化。在展现了"蓄势——倾覆"的戏剧性转化之后，作者提出自己的中心观点。

《五代史·伶官传序》在叙述李存勖的故事时，写他在盛时"系燕父子以组，函梁君臣之首""意气之盛，可谓壮哉"，而败落时"一夫夜呼，乱者四应"，突出他的一盛一衰，一兴一亡，形成了语气表达上的一次抑扬，语言铿锵有力，酣畅淋漓，气势一往无前，作者激昂的感情贯注于字里行间。文章之后又重叙了李存勖的兴与亡，"故方其盛也，举天下之豪杰，莫能与之争。及其衰也，数十伶人困之，而身死国灭，为天下笑"，又重复了一次抑扬。这两次抑扬的写作手法前后呼应，使文章脉络曲折迂回，回旋往复，有着一唱三叹的音乐美。清代文学家沈德潜曾评价道："抑扬顿挫，得《史记》神髓。《五代史》中的第一篇文字。"

任务四：培养质疑精神思辨能力

本单元的两篇史论，分别探讨秦和后唐灭亡的历史教训。你是否认同作者的观点？他们的论证是否有可商榷之处？结合所学知识，参考相关资料，说说你的看法。

看法一：《过秦论》把秦灭亡的原因仅仅归结为"仁义不施"是失之片面的。秦朝统治者信奉法家，对儒家层层打压，尤其是焚书坑儒让天下儒生义愤填膺。秦朝灭亡后，汉初儒生论定秦亡于法家的严刑峻法。而实际上，西汉的刑罚并不比秦朝宽松多少。有学者指出，统治者对法家系统的破坏才是秦朝迅速灭亡的主要原因。如法家认为"人君任臣而勿自躬"，即帝王不能事必躬亲，而是要充分发挥臣子的作用。但秦始皇在位期间的表现却与此完全相反，他是出了名的勤政。这一作风，有效维持了秦王朝的短暂稳定。但从长远来看，也带来了负面作用：权力过于集中于帝王之手，大臣们的积极性、能动性被削弱，假如继任者素质太差，那将是灾难性的结果。秦二世恰恰验证了这一理论。秦究竟是亡于法家，还是没有彻底遵循法家，还是有争议的。显然，一个朝代的灭亡原因是多方面的，不能简单认定为违反儒家的仁政原则。

有人认为《过秦论》的论述逻辑存在明显的漏洞。文章的观点是秦亡之过在于"不施仁义"导致的"攻守之势异也"。按照一般逻辑，前面应该写秦兴起乃至统一全国是施行仁政的结果。但是文章前三段叙述了秦的崛起、兴盛和统一天下，在这一过程中秦并未实行所谓"仁政"。"内立法度"，用的是商鞅的严刑峻法。"外连衡而斗诸侯"，对诸侯分化瓦解，各个击破，轻而易举地取得河西之地。在秦与六国的战争中"伏尸百万，流血漂橹"，秦始皇"执敲扑而鞭笞天下"靠威势震慑天下，哪里有仁政的影子？可见，在秦的发展过程中，一直把尚武和严刑峻法当成治国策略，从未实施过仁政。

看法二：秦从兴起到统一都没有"施仁义"，为什么秦在那时依旧保持着旺盛的生命力而没有衰落甚至走向灭亡？贾谊是将攻守之势的变化当成了是否施行仁义之政的条件而非结果，也就是说贾谊认为攻与守的形势发生了变化就应当随之采取不同的应对策略，秦之兴本来就要依靠武力来夺取天下，不靠仁义之策，可以"仁义不施"，但守天下时必须要"施仁义"，秦正是在守天下时不施仁义，才导致的国家灭亡。这是贾谊写作《过秦论》的文本逻辑，按照这个文本自身的逻辑我们就可以轻易发现，不施仁义的武力之道可以帮助秦走向统一，但秦始皇统一全国之后施行的更为严酷的"愚民、防民、弱民"的"仁义不施"之策，自然加速了秦的灭亡。因此，从文本自身的逻辑出发，贾谊在《过秦论》中的论证应该是严密的、合理的。

看法三：《五代史·伶官传序》的论述上漏洞少一些，从庄宗得天下与失天下的史实中，确实能够印证盛衰兴亡多由人事的道理，但文章最后落脚到"忧劳可以兴国，逸豫可以亡身"，固然不错，但也是一家之言。从论述的角度看，同样的对比，同样的史实，我们也可以得出"不辨忠奸而致覆亡""上下齐心，其利断金"等观点，也就是说，史实与观点之间并不具有必然的联系。

四、课堂总结

这节课，我们通过联读《过秦论》和《五代史·伶官传序》，了解了中国的史论传统，掌握了史论文知古鉴今、为统治者出谋划策的特点，领略了史论文的语言特色和行文特点，并思辨地思考论点及论证过程的合理性或不足。希望我们能尝试用史论思维思考当下问题，实现对传统史论思维的超越。

（林　佳）

披文入理读史论

穿越千年　直击现场

——基于真实情境的《伶官传序》学习任务群设计

一、学习目标

1. 寻找《伶官传序》与过往同类型作品在选材、行文等方面的不同。

2. 分析欧阳修在《伶官传序》中的变化,感受他在文学和史学上的创新意图。

3. 探究和感受欧阳修《新五代史》与"诗文革新运动"和儒学复兴的深层联系。

二、课堂导入

众所周知,《史记》在叙事体例和叙事手法等诸多方面进行了"革命性"的创新。而千年后的欧阳修将自己私人编修的记述五代时期的史书命名为《五代史记》,也可窥见他求变的"雄心"。这部作品就是后来的《新五代史》。现在"新五代史"微信公众号计划推出"《新五代史》的变与不变"专评。你能否帮助文字编辑完成《伶官传序》这一篇的编写任务?这节课我们共同讨论,需要完成三个任务。

三、具体任务

任务一:寻"变"

对照我们学过的史传和政论作品,你觉得《伶官传序》在选材、行文这两个方面有什么明显不同吗?

1. 选材上的"变"

"世言"二字点明了所用史料是一则传说。其原本为北宋初年王禹偁《五代史阙文》里的一条材料:

> 世传武皇临薨,以三矢付庄宗曰:"一矢讨刘仁恭,汝不先下幽州,河南未可图也。一矢击契丹,且曰阿保机与我把臂而盟,结为兄弟,誓复唐家社稷,今背约附贼,汝必伐之。一矢灭朱温。汝能成吾志,死无恨矣。"庄宗藏三矢于武皇庙庭,及讨刘仁恭,命幕吏以少牢告庙,请一矢,盛以锦囊,使亲将负之,以为前驱。凯还之日,随俘馘纳矢于太庙。伐契丹,灭朱氏,亦如之。

2. 行文上的"变"

史书通常的感慨议论部分是在传文的末尾,为叙事完整后水到渠成的议论升华。如《史记·项羽本纪》的论赞就在结尾。而本篇的以"呜呼"发论,位置为全文的篇章。这是史书中比较罕见的写法。然而这种写法是欧阳修在《新五代史》中极为常用的笔法。

《东皋杂志》:"神宗问荆公(注:王安石):'曾看《五代史》否?'公对曰:'臣不曾仔细看,但见每篇首必曰"呜呼",则事事皆可叹也。'"

从中可见以王安石为代表的一些人对这种写法的厌弃。甚至还有人直斥《新五代史》为"呜呼传"。

任务二:析"变"

1. 我们评价一部史学作品,首先看重的是史料的真实性。而《伶官传序》将传说写入史传正文,为何他要在序文中引述这样一个不一定完全可靠的传闻故事呢?

首先,"世言"一词表明这个故事在当时已经流传甚广。欧阳修难以割舍,于是借鉴司马迁写"赵氏孤儿"等内容时"有闻必录"的前例,同时,把这则传闻写入相对比较随意自然的序文中,恰到好处地处理好了正史与传闻间的取舍关系;

其次,李存勖最终因为伶官谋反而死是历史事实,这种死法对于君王而言是一种比较窝囊的死法。而传闻故事生动形象地刻画出了他前期励精图治的英雄形象,与结局可以形成更加强烈的对比反差效果,也为篇末针对性的议论奠定了坚实的基础。

欧阳修在选材上的这种处理较薛居正主编的官修版《五代史》更为史学界所推崇。

如清代王鸣盛《十七史商榷》:"僭伪诸国,皆欧详薛略,盖薛据实录,实录所无,不复搜求增补,欧则旁采小说以益之。"又如清代凌扬藻《蠡勺编》卷十三《五代史记》:"其心力亦纂勤也已,故卷帙不及薛史之半、而文直事鼓过焉。"

2. 与王禹偁《五代史阙文》中的原版记录相比,《伶官传序》的转述发生了怎样的变化?

王禹偁《五代史阙文》中的原版记录有168个字,欧阳修叙述同样的内容时用了153个字。但是这样的裁剪"简而不约"。

首先,他将纷繁芜杂的历史事实,用简洁自然的文笔进行梳理,寥寥几笔就清晰地勾勒出李克用遗嘱中三桩誓愿背后牵连关涉的几次重大复杂的历史事件。所以宋代林之奇在《拙斋文集》中赞叹:"李克用临终以三矢授庄宗,才数语尔,包尽多少事。如此等叙事,东坡以下未必能之。"

其次,他将原本冷冰冰的史事叙述转为形象化的细节刻画。李克用遗嘱中的"尔其无忘乃父之志"一句凸显了他临终时的遗憾和渴望,增强了文章的感染力。故而吴楚材在《古文观止》中称赞这一笔法为"感慨淋漓,直可与史迁相为颉颃"。

3. 如果把开篇的"呜呼"去掉,将"盛衰之理"三句压缩成"治乱兴衰皆由人事"一句,与原文相比有何差异?

原文这两处运用了感叹句和反问句式,较一般的肯定陈述显得更有气势和力度。且分句较短,使得节奏更有起伏。这样的句法表达在结尾处也有类似的使用。如结尾的"岂独伶人也哉",既是感叹句又是反问句,让读者产生更多的联想:李存勖的覆灭是因为他过于宠信伶人,那么其他君王的败亡又是因为什么呢? 女色? 外戚? ⋯⋯这样的结句方式既含蓄而又有很强的概括力,更容易发挥史传作品的教育借鉴意义。

对比《旧五代史·庄宗本纪》结尾:

史臣曰:庄宗以雄图而起河、汾,以力战而平汴、洛,家仇既雪,国祚中兴,虽少康之嗣夏配天,光武之膺图受命,亦无以加也。然得之孔劳,失之何速?岂不以骄于骤胜,逸于居安,忘栉沐之艰难,徇色禽之荒乐。外则伶人乱政,内则牝鸡司晨。靳吝货财,激六师之愤怨;征搜舆赋,竭万姓之脂膏。大臣无罪以获诛,众口吞声而避祸。夫有一于此,未或不亡,矧咸有之,不亡何待!静而思之,足以为万代之炯诫也。

相较薛居正主编的官修版《五代史》"静而思之,足以为万代之炯诫也"这样空泛的感慨,欧阳修在行文上的这种处理更为具体、深刻,也更为史学界所推崇。

4. 既然如此,如果把"原庄宗之所以得天下,与其所以失之者,可以知之矣"这些文字去掉,是否效果更佳?

反问句必须同正面语气的句子配合使用,一正一反,相反相成,才起作用。如果去掉"原庄宗"三句,开头就会出现感叹叠加反问的情况,容易形成空泛浮夸、无病呻吟的唱叹。

任务三:究"变"

1. 你觉得欧阳修的这声"呜呼"只是对李存勖败亡悲剧的感叹吗?

与五代大多数君主的昏庸荒淫而导致失国相比,李存勖由励精图治转为荒淫腐化的悲剧感更为强烈,也更值得后世君王思考和鉴戒。欧阳修修史正值宋仁宗统治时期,社会相对稳定。但烈火烹油之下,统治危机已悄然浮现:各地民众暴动接踵而起,西夏又侵扰西北边境。这与《伶官传序》中提到的"祸患常积于忽微"非常相似。因而欧阳修产生了强烈的以天下为己任的责任感。他在《本论》中痛斥"一切苟且,不异五代之时,此甚可叹也"的时局,更希望当时的北宋统治者能够居安思危,戒除"逸豫",避免陷入如伶人般的"所溺"。因而,他通过对五代政治与历史人物的记述、描写和批判,深切表现了他对北宋王朝的忧虑和对当时弊政和当权派的不满。《伶官传序》以"呜呼"开头,并非像王安石等人认为的无病呻吟,既是对五代十国乱世的哀叹,更是对宋朝社会的现实而发的无穷感慨。

2. 除了对北宋政局,欧阳修的这声"呜呼"还针对了什么现象?

薛居正在《旧五代史·庄宗本纪》结尾的评论中用"虽少康之嗣夏配天,

光武之膺图受命,亦无以加也"这样的语句表达了对李存勖成就功业超自然的评价。在传统观念中,"王权"往往与"天命"相联系。如必修下册教材中的《谏逐客书》中就有这样一句话,即"是以地无四方,民无异国,四时充美,鬼神降福,此五帝三王之所以无敌也"。

而欧阳修《伶官传序》开篇这句"呜呼!盛衰之理,虽曰天命,岂非人事哉"!则表明了他在社会治乱兴衰上有推崇人事淡化天命的思想倾向。他明确指出"忧劳可以兴国,逸豫可以亡身"。这其实也意味着儒家思想的复兴,与欧阳修提倡的"诗文革新运动"是彼此呼应的。

至此,我们完成了"《新五代史》的变与不变"之《伶官传序》专评。

四、课堂总结

这节课我们通过对《伶官传序》的精准搜索,找到了以其为代表的《新五代史》对过往史学传统的继承和创新之处。其在叙述行文上的"通古今之变",在主题思想上的"究天人之际",使之必然在中国史学史和文学史上"成一家之言"。

(李 戈)

撕掉标签　做不定义女性

——基于真实情境的《玩偶之家》学习任务群设计

一、学习目标

1. 以标签形式,探求娜拉的人物形象,分析社会对女性的刻板印象及对女性的影响。

2. 以"娜拉会不会回来"的辩论,探寻现代女性的独立之路,形成尊重人、尊重女性的社会意识。

3. 形成独立思考、合作探究的能力。

二、课堂导入

他们说,你的裙子太短,你的衬衫太低,别太胖也别太瘦,男人不喜欢太努力的女孩,不要独自出行……

她说……

近日,学校旭日文学社组织了一场有关女性话题的讨论——"拒绝被定义"。

你想要通过易卜生《玩偶之家》的娜拉这一人物,表达你对女性标签和如何不被定义的看法。那么,社会上对女性的普遍标签有哪些呢?娜拉又是如何定义自己的呢?今天我们一起从《玩偶之家》里,去探寻思考。

三、具体任务

任务一:"他们说"

标签,百度百科给的定义是"标明商品信息的标签"。女性"标签"是语言形式,更是社会现象,它体现了特定社会的性别理念和价值取向。

1. 阅读课文节选部分,找找娜拉身上有哪些标签,这些标签又有什么特征和含义,完成以下表格。

表1　人物标签

标签	贴标签者	标签的特征和含义

明确:(1)"我的小鸟儿、我的好宝贝、我一个人的亲宝贝儿、我的娜拉、我的新娘子、我最得意最喜欢的女人、我的孩子、私有财产"——这类标签上,都有"我的"的定语,在海尔茂眼里,娜拉就是他的所有物,这种意识也是当时社会普遍对于女性的看法,他们认为女人不过是为男性传宗接代的工具,是他们的附庸。

(2)"小鸟儿、小东西、小鸽子、泥娃娃、玩偶"——这一类的标签,都是以物品来形容娜拉,同时这些物品共同的特点都是被人取乐用的,说明了海尔茂完全将娜拉看做了一个宠物、洋娃娃一般的存在。海尔茂说养活娜拉这样一只小鸟要花很多钱,这表明海尔茂并没有足够重视娜拉,娜拉是供自己开心的小鸟,海尔茂对于娜拉的宠爱与对宠物或一件心爱玩具的宠爱并无太多不同,因此当他得知当初娜拉以自身的想法解决家庭危机时,他感到自己的尊严被侮辱了,从而感到愤怒。

(3)"贱女人、伪君子、撒谎的人、坏蛋、你父亲坏德行的继承者"——这一类标签发生在海尔茂打开信后,他认为娜拉的行为影响了他自己,而以这些称呼娜拉。尤其是"你父亲坏德行的继承者",哪怕是在咒骂娜拉的时候,他认为娜拉的行为是来自于她的父亲,海尔茂甚至还剥夺娜拉作为母亲的权利,他不让娜拉抚养孩子,这些都反映了海尔茂内心的男尊意识,可见在当时的时代下,女性的生活权利完全是掌握在男性的手中的。

(4)"女儿、母亲、妻子"——这类称呼可以说是任何女子一生里都必然的标签,但是这些标签意味着什么？女儿意味着父亲的附庸,母亲意味着孩子的附庸,妻子意味着丈夫的附庸。海尔茂对娜拉说"做老婆的应该爱丈夫那样",将妻子的身份标签化,妻子就应该原谅支持丈夫的一切决定和对待,让女性无法从家庭的桎梏中解脱出来。

2. 为什么娜拉身上的标签多是在家庭里,而缺少社会类的标签?

明确:(1)娜拉在家庭中自我角色的丧失。娜拉觉醒前,心甘情愿地依附丈夫,自觉地成为家庭的附庸。对于娜拉来说,她出身于中等家庭,她受到的教育让她自觉地成为着"他的女儿""他的妻子""他们的母亲"。她真诚地爱着自己的丈夫海尔茂,完完全全将自己生活的乐趣建立在丈夫和孩子的身上,当柯洛克斯泰写信威胁她的时候,她还幻想着丈夫在事情泄露出来的时候会挺身而出保护自己。

(2)娜拉的家庭生活权利没有保障。娜拉所有社交都基本在家,没有社会独立,没有工作。在作品的开始,娜拉就以一个爱乱花钱的家庭妇女形象出现在人们的脑海中,而海尔茂看见了也会说她乱花钱。但是娜拉所消费的东西都是给丈夫和孩子的,却没有给自己买点什么,在这点上也可以看出娜拉的生活都是围绕着丈夫和孩子,她的形象始终是一个妻子和母亲,而没有属于自己的生活。

(3)娜拉的发展潜力被进一步扼杀。受当时时代的影响,女性不仅生存权利和自我意识会受到破坏,且对于未来的发展能力来说,其也进一步被扼杀了,这在很大程度上制约了女性的发展。在当时的时代下,女性若想摆脱男性的束缚,其未来的生活则会面临着较大的困境,因为在实际生活中,女性的生存能力由于长期没有得到发挥,因此无法在实际生活中到了很好体现。

任务二:"她说"

所以当娜拉觉醒之后,她说"首先我是一个人,跟你一样的一个人——

至少我要学做一个人",这声呐喊,让这个玩偶之家发出了"砰"的一声关门声。

1. 娜拉说,要"学做一个人",所以她离开了这个玩偶之家。那么出走后的娜拉会回来吗? 请同学们围绕"会回来""不会回来"展开辩论,并说明理由。

示例:

会回来:(1)娜拉在家庭中自我角色的丧失经济不独立,没有谋生的能力。娜拉没有开展过社会劳动,她在生活中的花费都来自丈夫海尔茂,哪怕去工作,她也无法胜任工作,只能回家。

(2)回娘家也是另外的一个"玩偶之家",而且极大可能会被娘家劝回来。

(3)其他人异样的眼光,也会打击娜拉的决心,导致其回来。

不会回来:(1)娜拉虽然是一个平凡的家庭主妇,但她也有着独立坚强的性格,是一个不甘平凡、不安于现状的人。当丈夫得了重病需要筹钱去南方疗养,但家中经济拮据,加之自己的父亲病重,她并没有就此放弃。知道海尔茂就算结束生命,也不会向别人借钱的娜拉,没有与丈夫事先商量,而是按照自己的想法尽力拯救这个幸福的家庭。她私自向柯洛克斯泰借钱,并伪造父亲笔迹在借据上签名,明知会触犯法律,但是娜拉还是勇敢地迈出了这一步。这样勇敢的娜拉也有能力处理出走后的事情。

(2)娜拉已经认识到现实的残酷,她想要冲破束缚自己八年之久的婚姻牢笼,寻求真正的自我,选择属于自己的人生,追求独立、自由地生活,而不只是一个被人随意摆布的"玩偶",一直活在别人的世界里,一直为别人服务。因此当她清醒地认识到社会对女性的压迫后,她就不会回来。同时娜拉已经坚定地成为一名追求独立自主的新女性,她除了呐喊"我是一个人"外,她拒绝了海尔茂的挽留,并且离开了家,在行为上迈出了最重要的一步,捍卫了自己的人格和尊严。

(3)女性独立意识的萌芽与发展是长期的一个过程,对娜拉来说,困难是一时的,她会在社会的历练与实践中,进一步成长。

2. 通过同学们的辩论,我们能够归纳,如果娜拉要真正地成为"她自己",还需要什么条件?

示例:(1)意识的独立(2)经济的独立(3)社会的支持

任务三:"我说"

"标签"不见得完全不好,但隐含的刻板印象和强制归类,始终无法概括每个人鲜活的存在。定义成什么样,就会变成什么样,习惯什么样,就会恋恋不舍。贴标签和撕标签的过程,就是改变和接管自己的人生的过程。

互联网时代,女性被打上了许多标签,你想要撕掉女性的哪些标签,你又希望成为怎样的女性(男同学思考女性最讨厌什么标签,为什么),请同学们选择一个你最讨厌的标签,发表你的看法。

比如:三八妇女节的称呼,从"女神节""女王节"回归到"妇女节",这种变化,正是女性自我认知和社会认知的一个转变……

四、课堂总结

乖巧、贤惠、稳定、懂事、听话……这些词汇应该是女性们听到最多的形容词;"×××从小就乖巧懂事,学习成绩也名列前茅""女孩子家家的,别出去乱跑,在家里找一份稳定的工作,然后早点结婚就行了"……这些句子也应该是女性听到最多的话语。每个女生从出生之日起便被悄悄地贴上无数个标签,甚至被定义被教导"你应该这样做,这个样子才是好女孩"。这些定义及标签的标准源于哪里? 男性的眼光还是早已发生偏差的世俗观点?

娜拉在《玩偶之家》中呈现的是一位勇敢女性形象,这从某种意义上预示了女性意识的觉醒,她们想要追求独立的人格和现实中的地位平等。虽然娜拉最后的觉醒来之不易,过程历经曲折,但给当代女性在家庭地位中的思考带来了很大的影响。直至今日,女性依旧是一个长久存在的社会问题。在现代社会,我们看到了各个行业里都涌现了一批批的女性,她们用自己的方式抒写着女性力量。在同学们的表达里,我听到了新时代独立女性的心声,也看到了一个平等、独立、自由的人生选择。多元化时代,女性不应蜗居在标签连起来的围城里,女性无须也不应被定义。人生没有什么是不可能实现的,只要自己不给自己设限,选择一条自己喜欢走的路,坚持到底,就会有"奇迹"发生。

(钱 颖)

聆听大师箜篌音　涤净人间多少尘

——穿越千载情境再现《李凭箜篌引》

一、学习目标

1. 吟咏诗韵,掌握特殊意象的象征含义,了解乐器的有关知识。

2. 反复研读,分析诗歌内容和艺术特色,培养学生语言建构、思维发展、合作探究能力。

3. 感同身受,体会作者传递的深层情感。

二、课堂导入

《音乐是一种心境》文段导入:

肖邦让黑白相间的钢琴键轻轻起伏,当清澄的和弦与如歌的旋律从中飞逸出来的时候,你有没有感受到他那一腔柔情?柴可夫斯基深情地唱起俄罗斯农民的曲调,他是告诉你,那广袤的土地上,有着多么深重的三套车印下的辙迹;舒伯特也把一个独行旅人的背影,悄悄印在菩提树的绿荫间,你看到他吗?别闭上你的心扉,瞧,他们正向你走来,凝视着你的眼睛,握住你的手。

李凭弹奏箜篌其音绕梁三日而不绝,其味使人三月不知肉味,让我们一起诵读《李凭箜篌引》,既感受音乐的美,也感受诗歌的音乐美。

三、具体任务

任务一："酒香也怕巷子深"，请李凭大师穿越到现代来演奏箜篌，自然要大力推广，请根据诗歌内容为他设计演奏海报。谈谈你的构图要素及理念。

背景：辽阔高远的天空——高秋（"高秋"一语，除了表明时间是九月深秋，还含有"秋高气爽"的意思，与"深秋""暮秋"之类相比，更富含蕴。）

色调：华贵高雅为主色调——体现晚唐气韵（箜篌演奏技艺到唐代达到了极高的水平。）

主题：（1）箜篌为主，营造神秘感、朦胧感（"吴丝蜀桐"箜篌构造精良，借以衬托演奏者技艺的高超，写物亦即写人，可以收到一箭双雕的功效。）

（2）演奏者李凭为主，突出其身份背景和气质。著名的宫廷乐师，因善弹箜篌，名噪一时。

关于她当时的身价与声名史书上是这样记载的："天子一日一回见，王侯将相立马迎。"她精湛的技艺受到了诗人们的热情赞赏，身价之高，似乎远远超过盛唐时期的著名歌手李龟年。所以李贺才用他的如花妙笔写下了我们今天要学习的这首诗歌。

任务二：细读诗歌，你能发现参加这场音乐会的有哪些听众吗？请你作为与会者分别介绍一下他们的身份，并通过观察描绘一下他们的神态。

（1）江娥，就是湘妃，传说中的湘水女神。在斑竹林中悲啼洒泪，为舜的去世而悲痛欲绝。此刻触动心伤而悲戚莫名，涕泪涟涟。

（2）素女，是神话中的月宫仙子，善于鼓瑟的湘娥与素女，也被这乐声触动了愁怀，潸然泪下。

（3）紫皇，"紫皇"是双关语，兼指天帝和当时的皇帝。深深被音乐打动，凝神谛听，颇为动容。

（4）女娲，神话中的创世纪女神，远古时代，天裂地塌，灾凶四起，女娲采炼五色石修补苍天，又消除其他祸患，才使得剧烈动荡的宇宙安定下来。女娲听得入迷，竟然忘记了自己的职守，结果石破天惊，秋雨倾斜。

（5）神妪，成夫人。神仙婆婆，好音乐，能弹箜篌。虚心向李凭学习箜篌技艺。

（6）老鱼、瘦蛟，潜在神秘深山的幽涧中。随音乐在水波中上下跳跃，翩翩起舞。

（7）吴质，吴刚，月宫中神仙，整天伐桂。彻夜不眠，倚着桂树，久久伫立，竟忘了睡眠。

（8）寒兔，月宫中嫦娥的宠物。蹲伏在一旁，任凭露水斜飞滴在身上，也不肯离开。

（9）云，优美悦耳的弦歌声一经传出，空旷山野上的浮云便颓然为之凝滞，仿佛具有人的听觉功能和思想感情在俯首谛听。

（10）十二门的百姓。唐代的都城长安方圆70多里，呈正方形四面每面三门，共十二门。人们陶醉在美妙的弦乐声中，连深秋时节的风寒露冷也感觉不到。

总结：侧面烘托，是常见的写法。刘熙载曾言"山之精神写不出，以烟霞写之；春之精神写不出，以草树写之。"音乐的魅力可以通过诗中李凭"粉丝"们的描绘来使我们感受到。小组探讨形成归纳性结论。

景物：山、云、芙蓉、香兰、秋雨

动物：凤凰、老鱼、瘦蛟、寒兔

人物：江娥、素女、紫皇、女娲、神妪、吴质

任务三：声音可听闻，可感知，却难描摹，难表达。你听到了什么样的音乐？作者描摹这不可传递的声音有什么特别值得借鉴和学习？

箜篌：又称"坎侯""空侯"，是我国古代的弹拨乐器。箜篌酷似一只顾盼

雁柱箜篌

生姿的大凤凰。"吴丝蜀桐"写箜篌构造精良,衬托演奏者技艺的高超,写物亦即写人,收到一箭双雕的功效。

(1)感知音乐:声音时而优美圆润时而低沉幽怨,韵律起伏跌宕,引人入胜。

(2)由形象的描绘到具体的感受主要有两种方法:

其一,意象联想法:

如"昆山玉碎凤凰叫,芙蓉泣露香兰笑。"

划出意象"昆山玉、凤凰、芙蓉、香兰",由意象联想其可能表现的音乐情境。

昆山玉:蓝田日暖玉生烟、大珠小珠落玉盘。玉的声音清脆可能表现箜篌之音的清脆高亢。

凤凰:传说中的神鸟,神圣高洁,《韩诗外传》云:"其声若箫。"联系以往所学课文《赤壁赋》"客有吹洞箫者,倚歌而和之,其声呜呜然,如怨如慕,如泣如诉。余音袅袅,不绝如缕。舞幽壑之潜蛟,泣孤舟之嫠妇。"凤凰之声可能表现箜篌之音的低沉哀怨。

其二,动词联想法:

划出动词"碎、叫、泣、笑",由动词联想其可能再现的音乐节奏。

碎:玉的碎裂,而且是昆山上玉的碎裂,可以想象山崩地裂的情境,由引推知音乐的高昂。

叫:凤凰独飞哀鸣,由此推知音乐的哀怨低沉。

泣、笑:由芙蓉和香兰发出的动作,可见是拟人,联系以往知识:晓看红湿处、如花笑靥等。可见前者为花带雨露,后者为花儿绽放。推知音乐是时而幽怨,时而高亢,时而欢快,时而低沉的。

总结:这样地写音乐声,时而以声音来摹写声音,时而以形象摹写声音。这是两种写音乐的方式:以声摹声,以形摹声。

(3)再读品悟,学以致用:让我们通过文字穿越千年的时空间隔去聆听作者的弹奏吧!

我划了＿＿＿＿＿＿＿＿＿＿＿＿＿＿＿＿＿＿＿＿＿＿＿意象,

想象了＿＿＿＿＿＿＿＿＿＿＿＿＿＿＿＿＿＿＿＿＿＿＿画面,

他的技艺(效果)实在＿＿＿＿＿＿＿＿＿＿＿＿＿＿＿＿＿＿＿＿＿。

任务四：延伸拓展，借由正面描摹与侧面烘托，真切地体会到李凭的箜篌演奏具有"惊天地，泣鬼神"的艺术力量，请大家联想类似的写法：

(1)汉乐府诗歌《陌上桑》里写罗敷那一段，不是直接描绘罗敷的美丽，而是借助"行者见罗敷，下担捋髭须，少年见罗敷，脱帽著帩头，耕者忘其犁，锄者忘其锄。"通过路人对罗敷的欣赏，达到侧面烘托罗敷的美丽的目的。《李凭箜篌引》也是从虚处着笔，让读者自己体会李凭所演奏的乐曲声是如何的优美动听，与《陌上桑》可谓有异曲同工之妙。

(2)引导学生回顾《赤壁赋》"舞幽壑之潜蛟，泣孤舟之嫠妇。"《琵琶行》"东船西舫悄无言，唯见江心秋月白。"等等

(3)对比鉴赏。同样写声音都在用侧面描写来突出音乐的效果，能否发现李贺与他人的不同之处。

总结：诗人李贺如同一位神奇的魔术师，他驱使着大自然的静物、动物，调动了神话传说中众多的神人的形象，来写出乐声强烈感人的艺术效果，表现了李凭弹奏箜篌的高超艺术。李贺的诗风就是如此：意象奇诡、用词奇妙、章法奇绝。

这其中有天空中的白云、湫湫的秋雨，潭中的老鱼、瘦蛟，神话传说中的湘娥、素女，紫皇、神妪，吴刚、玉兔等等。李凭弹箜篌的乐声连没有感觉的静物、无知的动物都为之感动，连高踞仙界的神仙们也被乐声紧扣心弦。这样，抽象的、难以捉摸的乐声以及它奇妙的艺术效果就形象而具体地呈现在读者面前，使读者沉浸在奇异的艺术境界之中，使人如见其人，如闻其声。

任务五：听一种音乐有一种感触，我们也凭此触摸着作者的情感。那么请你细细品咂作者的情感。

作者介绍：李贺是唐宗室郑王后裔，到李贺时家道已经彻底没落了，父亲李晋肃只不过是边疆上的一个小县令。李贺被诽谤讳父名而不得参加科举考试，后只做过一个九品的奉礼郎，不久辞官归故里而卒，年仅27岁。

李贺年少时代就有才名，可惜仕途坎坷，怀才不遇，一生抑郁，于是形成了凄艳诡谲的诗风，故被称为"诗鬼"。其作品继承前代积极浪漫主义传统，驰骋想象，运用传说，熔铸词彩，创造出一种新奇瑰丽的境界，形成了自己独

特的风格。

化用萧伯纳的说法：人生有两大悲剧——一是没有遭遇过苦难，一是遭遇了苦难。

李贺在听箜篌之音时如痴如醉，热泪盈眶，因为彼时彼刻这音乐就是他的心境！

四、课堂总结

音乐定人心魂，启人心智。当我们掌握解读的方法，运用知识体系，真正走入诗歌走入作者，会有更多的收获。请别关闭你的心扉，艺术家们正以各种各样的方式向我们走来，凝视着我们的眼睛，紧握住我们的手，把自己唱给我们听。

（梁　磊）

下篇

感于哀乐　缘事而发

——体悟《诗经·氓》中的现实主义精神

一、学习目标

1. 通过情境模拟表演，找寻女之"耽"兮的多种表现。

2. 通过探究女子前后变化的原因，体悟《诗经》中的现实主义精神。

二、课堂导入

在著名问答网站知乎网上，曾经有网友提出过这样一个问题——"高中语文将《氓》编入教材有何意义?"这个问题目前已经吸引了500多万的浏览，数以万计的网友在此问题下发表了自己的看法。让我们先来看看其中的一些高赞回答。

很多网友都把这首诗当作是"早恋"的反面教材，试图告诫各位女生要远离渣男。而实际上这段感情的破裂除了男主的因素以外，女主也在不断回忆反思自己在这个过程中有没有问题，如果用原文的一个字来点明，你会选哪个字?("耽")原诗哪些地方都体现了女主的"耽"? 让我们借助同学们的演绎，一起走进文本。

三、具体任务

预习任务：请同学们选择以下三个片段中的一个，将其改编成一幕小短剧。

第一幕：淇水送行篇　"氓之蚩蚩……秋以为期。"

第二幕：情定终身篇　"乘彼垝垣……以我贿迁。""及尔偕老、信誓旦旦"。

第三幕：婚后决裂篇　"女也不爽……躬自悼矣。"

要求：在保留原文大意的基础上有所补充、想象，可以设置对话、旁白，也可以自备道具。时长控制在2—5分钟左右。每组推荐一位导演（领导组织能力强），一位编剧（语言写作能力强）。其他组员需无条件配合导演要求。

另安排一组同学为专门评论员。

点评要点：1. 表演本身情绪是否到位。从台词、动作、表情等方面点评优缺点；

2. 诗歌解读是否准确。情节是否与原文高度契合，是否准确体会其中情感。

任务一：演绎"淇水送行"——女之"耽"兮的初始

由一组同学演绎第一幕场景，其他同学点评表演并思考女之"耽"兮在这一幕中的体现。

表现一：沉醉其中，一送再送——"送子涉淇，至于顿丘"

【探求字源】由"涉"的字形出发，其本义为"徒步涉水"。

面对氓，女主人公放下了矜持与羞涩，不惜徒步涉水相送，虽"送君千里，终有一别"，但是沉浸于甜蜜中的女主人公还是一送再送，沉浸其间、陶醉其中。

【点拨】"子无良媒"——媒人的意义

《仪礼·士昏礼》记载娶妻需经过纳采、问名、纳吉、纳征、请期、亲迎之仪节。俗称"六礼"。而这其中所有环节都需要媒人做中间人。

《孟子·滕文公下》则直言道"不待父母之命、媒妁之言，钻穴隙相窥，逾

感于哀乐　缘事而发

097

墙相从,则父母国人皆贱之……不由其道而往者,与钻穴隙之类也。"

表现二:委婉劝慰,过分卑微——"将子无怒,秋以为期"

【点拨】"将"的含义和人称"子"的含义

明明是男方未尽良媒事宜在先,女方此时没有怒气,却还要反过来安抚宽慰男子"请您不要生气"。在某种意义上是不是也是一种迁就与纵容呢?是不是也在为自己在未来婚姻生活中丧失主动权而埋下了隐患呢?

任务二:演绎"情定终身"——女之"耽"兮的发展

由一组同学演绎第二幕场景,其他同学点评表演并思考女之"耽"兮在这一幕中的体现。

表现三:深情凝望,思之念之——"乘彼垝垣,以望复关"

【点拨】"复关"的借代义及其作用。

所谓"一日不见,如隔三秋。"在平日里的空闲时光,女主人公全然不管他人的看法,常常去"以望复关"。如果"不见复关",那她就"泣涕涟涟";如果是"既见复关",那就"载笑载言",可见此刻她的情绪已经完全被男子牵扯着变化。

表现四:热情回应,主动谋划——"以尔车来,以我贿迁"

"以尔车来,以我贿迁"中掩藏不住的"女之耽兮",何尝不是轻易地、坦诚地将女主人公自己在这场爱情中的"底线"向氓"和盘托出"了呢?"你不用付出什么,你只要人来、车来,带上我和嫁妆,我们就一起走。"如此坦诚地"和盘托出",是否又会沦为日后男子不加珍惜的伏笔呢?

任务三:演绎"婚后决裂"——女之"耽"兮的后果

表现五:无怨无悔,继续奉献——"夙兴夜寐,靡有朝矣"

【点拨】理解"靡"的含义,体现女子日常生活付出之艰辛。

她不嫌贫爱富,能忍受清贫,起早贪黑、无怨无悔。当感情出现危机时,首先想到的是自己有没有差错(女也不爽)。是否也需要一点解决感情危机的方法,而不止于是一味埋首于家庭碎屑之中呢?

【探究】兄弟为何"咥其笑矣"?

在家人眼里,这一切都是她"自找"的。这在某种意义上是真正的无家可归。

更可怕的是这不是一个人两个人的观念，而是那个时代很多人的观点。

朱熹《诗集传》："此淫妇为人所弃，而自叙其事以道其悔恨也……故其见弃而归，亦不为兄弟所恤，理固必然者。"

【换位思考】

1. 换作一般的女子，沦落到这种情形，会怎么做？

或许是独自伤心，隐姓埋名；

或许是自怨自艾，饮恨自尽。

不仅古人如此，今人亦是如此，她们更多的是顾影自怜。比较当下网络歌曲歌词。

爱情不是你想卖想买就能卖，让我看透痴心的人，不配有真爱。

——网络神曲《爱情买卖》

万分难过，问你为什么，难道痴情的我不够惹火，伤不起真的伤不起。我想你想你想你想你想到昏天黑地，电话打给你美女又在你怀里，我恨你恨你恨你恨到心血滴。

——网络神曲《伤不起》

2. 女主人公是怎么做的？

齐读最后一段："反是不思，亦已焉哉！"

【点拨】心理学中有个词语叫作"沉没成本"：人们在决定是否去做一件事情的时候，不仅是看这件事对自己有没有好处，而且也看过去是不是已经在这件事情上有过投入。时间越久，沉没成本越高。

女子最终鼓起勇气撇开过去那么重的"沉溺"，觉醒并跨出那一步，决定反抗。

3. 女主人公为什么要控诉出来？

【点拨】表达是有力量的，为了让更多的人知道，碰到类似的情况是可以更加果断坚决，敢于反抗，而不是继续沉溺其中，难以自拔。正如那句话所说"因为自己淋过雨，所以总想替别人撑把伞"。

四、课堂总结

《诗经》尤其是《国风》中的作品，它们来源于现实生活，抒发当时人们的

感于哀乐　缘事而发

真实感受,揭示社会生活的本质,毫无矫揉造作之态,奠定了我国古代诗歌创作的优秀传统。

女子大声地宣告,给了后人以极大的力量,这在当代现实生活中,也有着更加鲜明的呼告。而这正是《诗经》现实主义传统的意义所在。

【拓展欣赏】《致橡树》+《蔷薇岛屿》

我们分担寒潮、风雷、霹雳;

我们共享雾霭、流岚、虹霓。

仿佛永远分离,

却又终身相依。

这才是伟大的爱情。

——《致橡树》

最好的感情是

两个人彼此做个伴。

不要束缚,不要缠绕,不要占有,

不要渴望从对方身上挖掘到意义,那是注定要落空的事情。

而应该是,我们两个人,

并排站在一起,

看看这个落寞的人间。

——《蔷薇岛屿》

课后作业:请大家周末登录知乎网,搜索"高中语文将《氓》编入教材有何意义?"问题并分享自己的想法。

(朱林鹏)

"离忧"者的歌哭

——《氓》《离骚》比较研读

一、学习目标

1. 通读《氓》全篇以及《离骚》课文节选与补充文段及翻译,用简练的语言概括诗中抒情主人公所"离"之"忧"。

2. 通过《氓》与《离骚》的比较研读,从意象、情感、艺术技巧等角度分析两者的相异点。

3. 借助对两位抒情主人公抒情风格、人生选择的探讨,增强中国古典诗歌浪漫与现实两大源头"风""骚"的文化理解与传承。

二、课堂导入

司马迁在《史记·屈原列传》中说:"'离骚'者,犹离忧也。"离忧,意为遭遇忧愁。最美的诗歌往往发自于最痛苦的生命体。让我们从古典诗歌的源头出发,从"诗骚"出发,去领略古典诗歌的大美!我们将召开题为"'离忧'者的歌哭"的班级"诗骚"研读会,请准备200字左右的研读发言稿。

三、具体任务

任务一:两首诗中的抒情主人公遭遇了什么样的忧愁?(相同点探究)

1. 关于遭遇了什么样的忧愁,两位抒情主人公的原话为何?
(从《氓》全篇以及《离骚》课文节选与补充文段中摘取原句)

卫国女子:"桑之落矣,其黄而陨""女也不爽,士贰其行""士也罔极,二三其德""言既遂矣,至于暴矣""兄弟不知,咥其笑矣""信誓旦旦,不思其反"

楚国屈子:"惟草木零落兮,恐美人之迟暮""曰黄昏以为期兮,羌中道而改路""余虽好修姱以鞿羁兮,謇朝谇而夕替""既替余以蕙纕兮,又申之以揽茝""怨灵修之浩荡兮,终不察夫民心""众女嫉余之蛾眉兮,谣诼谓余以善淫"

2. 请尝试用自己的语言简洁地概括两位抒情主人公遭遇的忧愁。

卫国女子:年华老去,青春不再;曾经恋人,无情变心;家人不恤,冷漠嘲笑。

楚国屈子:时光飞逝,年华不再;昔日灵修,中道抛弃;群小嫉妒,造谣诽谤。

3. 两位抒情主人公遭遇的忧愁有何共同点?

人生中曾经坚信不疑的梦想,或者爱情梦想,或者政治梦想,最终却破灭了;最残酷的是被曾经最在意的人无情地抛弃,冷血地踩灭;同样的还有韶华逝去,还有周围人群的嘲笑与诽谤。

任务二:虽然同是"离忧",但两者表达的方式、技巧却不同。(相异点探究)

1. 意象选择

卫国女子:淇水、垝垣、桑叶、斑鸠、桑葚、车、帷裳。

楚国屈子:香草(香草约有二十余种,如江离、申椒、菌桂、秋兰、木兰等);美人、蛾眉;骐骥、鸷鸟、马、兰皋、椒丘。

女子选择的意象相对较少,且多为生活中的普通物象;屈子选择的意象丰富得多,还有许多想象中的意象,离骚后面段落还有各种神话人物、虬龙鸾凤,充满奇幻色彩。

2. 赋比兴手法及其他手法的运用

卫国女子:全诗以"赋"的方式叙述居多,如第一段、第二段;兼以"比兴",如"桑之未落"与"桑之落矣"两句。

楚国屈子:有"赋"直陈其事的内容,但全诗大量采用"比兴"的手法,还有反复、象征等手法。其比喻往往指向特定领域,如用香草美人喻美德、美政,用婚期中途变卦比喻君主失信,而且比喻并不停留于个别事物,而是自成一个意象体系,整体上富有象征意味。

"《离骚》之文,依《诗》取兴,引类譬喻,故善鸟香草,以配忠贞;恶禽臭物,以比谗佞;灵修美人,以媲于君;宓妃佚女,以譬贤臣;虬龙鸾凤,以托君子;飘风云霓,以为小人。"

——《楚辞章句》王逸

任务三:虽然同是"离忧",但两者抒发的情感、人生选择却不同,"歌哭"的风格自也不同。(相异点再探究)

1. 遭遇了"梦碎"的忧愁之后,两位抒情主人公的"歌哭"中直抒胸臆的原句为何?

卫国女子:"士之耽兮,犹可说也。女之耽兮,不可说也!""女也不爽,士贰其行。""士也罔极,二三其德。""及尔偕老,老使我怨""反是不思,亦已焉哉!"

楚国屈子:"长太息以掩涕兮,哀民生之多艰。""亦余心之所善兮,虽九死其犹未悔。""怨灵修之浩荡兮,终不察夫民心。""宁溘死以流亡兮,余不忍为此态也。""何方圜之能周兮,夫孰异道而相安?""屈心而抑志兮,忍尤而攘诟。""伏清白以死直兮,固前圣之所厚。""民生各有所乐兮,余独好修以为常。""虽体解吾犹未变兮,岂余心之可惩。""既莫足与为美政兮,吾将从彭咸之所居!"

鲁迅《娜拉走后怎样》中说:"人生最痛苦的,莫过于梦醒了无路可走。"

卫国女子在梦醒后的直抒胸臆中,多是对那个负心人,对过去爱情婚姻的审视与反思,而且文中较多女子与负心人形象的对比,特别是其中对对方"氓、子、尔、士"称呼的改变,也体现了女子认识的发展与变化,她最终认清了对方的嘴脸,并与之决绝,进而提出"士之耽兮,犹可说也。女之耽兮,不可说也!"这般惊醒世间痴情女子的论断。

楚国屈子在梦碎后的直抒胸臆中,仅有一句"怨灵修",余者除了对群小丑恶嘴脸的揭露,并反复感叹自身的痛苦之外,还再三地宣告:我不会改变,我要如前圣一般"伏清白而死直"! 如果梦想破灭了,我就为梦想而死!

卫国女子与楚国屈子,一为梦想的反思者(自醒者),一为梦想的坚守者

『离忧』者的歌哭

（殉道者）。

2. 结合两位抒情主人公的自叙经历、所发情感，尝试着概括两位抒情主人公的个性特征。

卫国女子：恋爱期——温柔痴情、善解人意，婚姻期——勤俭能干、吃苦耐劳，决绝期——坚强刚烈、理智清醒。

楚国屈子：成长期——品性高洁、才华出众，梦想期——胸怀大志、忠君爱国，梦碎期——矢志不渝、以身殉道。

人物的相关评价：

当代著名学者鲍鹏山说："在《诗经》中最完美的女性，我以为便是那位卫国女子。"

近代学者梁启超首推屈原为"中国文学家的老祖宗"。

郭沫若评价屈原是"伟大的爱国诗人"，一颗闪耀在"群星丽天的时代"，"尤其是有异彩的一等明星"。

闻一多评价屈原是"中国历史上唯一有充分条件称为人民诗人的人"。

《中国文学史》评价屈原是"中国有史以来第一个伟大的爱国诗人"。

《中国大百科全书·文学》评价屈原为"中国浪漫主义文学的奠基人"。

四、课堂总结

本节课，我们紧贴着两个因"离忧"而痛苦的生命体发出的最美的"歌哭"文字，从"所离之忧"入手，再循着意象、手法、情感抒发、人生选择、个性风格这一条脉络，对比研读了《氓》与《离骚》，领略了古典诗歌现实与浪漫这两大源头的大美风采。相信每一位同学都会有极具个性化的自身的阅读体悟与研读成果，请你们整合归纳，完成我们的核心任务：我们将召开题为"'离忧'者的歌哭"的班级"诗骚"研读会，请准备200字左右的研读发言稿。（发言稿鼓励个性化表达，并建议多用整句形式）

（郑　超）

纵是悲歌也动人

——《孔雀东南飞》学习任务群设计

一、学习目标

1. 分析人物语言对形象塑造及情节发展的作用。
2. 研习诗歌主要的叙事特色。
3. 探究刘兰芝悲剧的根源,分析作品深刻主题。

二、课堂导入

汉乐府诗《孔雀东南飞》和北朝民歌《木兰诗》被合称为"乐府双璧"。这两首诗歌都是叙事长诗,以其深刻的社会思想意义和极高的艺术成就,为历代文人所推崇,那么到底是怎样的艺术成就和思想意义才使得《孔雀东南飞》成为叙事诗的典范呢? 今天我们就尝试探究,进行一场发现之旅。

三、具体任务:

任务一:清·陈祥明《采菽堂古诗选》卷二中评《孔雀东南飞》云"长篇淋漓古致,华采纵横,所不俟言。佳处在历述十许人口中语,各个肖其声情,神化之笔也。"即在此诗诸艺术成就中尤佳处在于其出色的语言描写,请就本文的语言描写加以赏析。

诗歌以朴素生动的个性化语言,刻画了众多人物的不同身份和性格。以赏析人物语言为抓手,完成人物形象的探究,注意同一人物面对不同对象时的语言及情态变化,深入感知人物心理。同时感受语言对于情节推动等作用。

1. 刘兰芝

刘兰芝的语言描写约占三分之一的篇幅,是其形象塑造的重要手段。"十三能织素……及时相遣归"我们可以看出刘兰芝是一个多才多艺、能干、坚忍以及清醒的人,她明白今日境遇于才于德,自己都不失为妇之道,"不堪母驱使"的根本原因在于"君家妇难为",于是她只能主动地说"及时相遣归",我们能够看到这句话背后的刚烈、自尊,也能看到这句话背后的无可奈何。

"本自无教训,兼愧贵家子。受母钱帛多,不堪母驱使……念母劳家里"严装别母的刘兰芝表面上自我责备,彬彬有礼,实际上对焦母的指责溢于言表,怀着满腔愤怒然而说话得体,始终不失孝道不违礼见其教养,也见其理智。然而转身"却与小姑别,泪落连珠子。""新妇初来时,小姑始扶床;今日被驱遣,小姑如我长。勤心养公姥,好自相扶将。初七及下九,嬉戏莫相忘。"好一个"泪落连珠子",面对尚未成人、天真烂漫的小姑,嫂子再也难掩内心的委屈和悲痛,"新妇始来时"脑海中浮现的又岂止是"小姑始扶床",此刻向兰芝袭来的不只对今日是亲人明日成陌路的小姑的不舍,爱人的无力、婚姻的幻灭,所有人世的苍凉此刻都汹涌而至"勿复重纷纭……留待作遗施,"与"君当作磐石……磐石无转移"的"矛盾"大家一定要看到,兰芝含冤被遣,一方面在无力懦弱的爱人面前怎能不生恨生怨?"勿复重纷纭"的决绝是怨、是屈、是愤怒、是失望!然而,这一切终究战胜不了"爱","君既若见录,不久望君来"善良而深情的女人终究是败在了自己对情的坚贞、对爱的执念? 什么是爱情,就是这样的淬火而不得重生;什么是悲剧,就是这样将美撕毁给人看。"我有亲父兄,性行暴如雷,恐不任我意,逆以煎我怀。"是伏笔,也是兰芝绝世的聪明,她有什么看不到,有什么看不穿? 然而终究无计,因为她没有办法一个人掌控两个人的前程。

对母亲只一句"儿实无罪过。"懂你的人便懂了。于是在县令遣媒来时,母亲的"汝可去应之"是给女儿的建议,是婉商而非强迫;女儿回复有情有义又有现实的考量"自可断来信,徐徐更谓之",从长计议吧,此时兰芝虽千万般难,却依然苦苦支撑。而母爱,无论在任何时代的母爱都是高墙,挡住一切来自外面的寒风——"女子先有誓,老姥岂敢言!"面对太守令郎,母说如是,寥寥几笔,刘母的大义、不慕名利、慈爱跃然纸上,即便是时在今日,刘母也不能称不是一个好母亲吧。

与刘母相对的是刘兄,"作计何不量! 先嫁得府吏,后嫁得郎君。否泰如天地,足以荣汝身。不嫁义郎体,其往欲何云?"一句一问,一问一逼,咄咄逼人,眼里是势力,心里是算计,一个精于势利、淡漠亲情、暴躁强势的形象专为前言作证。

2. 焦仲卿

焦仲卿是本文中让人爱恨交加、可悲又可怜的人物,一生夹在"孝"与"爱"中间煎熬,是真正的"双面焦"。"女行无偏斜,何意致不厚?"焦仲卿肯定是重孝的,不敢忤逆母亲,但不能说其没有反抗意识或者没有反抗过,此句可为替妻子的辩驳,对母亲赤裸裸的质问和谴责,然而面对母亲的不可理喻和雷霆之怒,他只能以"今若遣此妇,终老不复取!"奋力一搏,从中我们能够看出焦仲卿对爱情也是坚贞笃定、至死不渝的。"府吏默无声"是其再"爱""孝"不能两全下的选择和软弱,在分别的路口他又给兰芝以没有客观保障的理想的承诺"誓不相隔卿……誓天不相负!",对比之下,兰芝是有对现实的考量的,对其兄的担忧也在此时谈及,可是,焦仲卿此时与再见时均选择"忽略",而是故意用"贺卿得高迁! 卿当日胜贵,吾独向黄泉"以谴责兰芝的违约背盟,可见其虽然对爱情笃定,对爱人却是缺少理解和设身处地的同情的,这也是二人最终悲剧的催化剂。

3. 焦母、刘母、刘兄等人,同上,以言见人。

任务二:除了精彩的语言描写之外,本文还有哪些堪称典范的叙述艺术呢? 请结合文本进行赏析。

此任务以学生发现为主,教师加以总结,尤其在各手法作用上加以引导,让学生能够就某种手法加深认识并具有迁移鉴赏和运用的能力,以本篇极具代表性的赋比兴为主,另有详略、伏笔、照应等常见叙事手法加以关注,抓住叙事诗的文体特点加以引导。

1. 赋、比、兴

①赋。赋者,体物铺陈,是《诗经》中最主要的艺术手法,也是古典诗歌

中最常用的一种艺术手法。"十三能织素,十四学裁衣,十五弹箜篌,十六诵诗书。十七为君妇,心中常苦悲",兰芝自述这段是纵的铺陈,按时间顺序,突出其多才多艺、有教养的特点。兼有互文修辞,交叉表述;详写兰芝离家的打扮,"……纤纤作细步,精妙世无双",由足至头、至腰、至耳、至指、至口、至步,一连串夸张性的铺陈,旨在描写她的美,更表现她的从容镇定、自尊得体;写太守办喜事豪华排场,既从侧面烘托了兰芝的美好形象,让人倾心,同时也显示兰芝不为富贵所动的节操。本诗的铺陈排比有利于塑造人物形象,也为诗歌带来了声律和色彩之美。

②比、兴。比如"君当作磐石,妾当作蒲苇,蒲苇纫如丝,磐石无转移""磐石方且厚,可以卒千年;蒲苇一时纫,便作旦夕间。"等,不但生动表现出二人对感情的笃定,且前后回环照应,形成对比,随着情节流转。另在描写中大量的比喻、类比,都强化了表达效果。

"兴"的手法在传统诗歌中很常见,但是学生又总有陌生感,原因在于"兴"的由此及彼是非常自然的,所以总是被无意识地忽略。诗歌开头以孔雀向东南飞去,因为顾念伴侣而徘徊的情景,引出焦仲卿与刘兰芝的爱情悲剧,创造凄凉悲怆的氛围,引起下文。可让学生于所学中回忆勾连,加强对"兴"的了解。

2. 情节的跌宕起伏

文似看山不喜平,在叙事艺术中也是如此。《孔雀东南飞》整体以按时间顺序叙写焦、刘二人的爱情故事,而刘、焦二人的情感发展和其与家长的矛盾又平行叙述,构成文章双线并行的特色。诗文虽唯一千余字,却波澜壮阔,跌宕起伏。

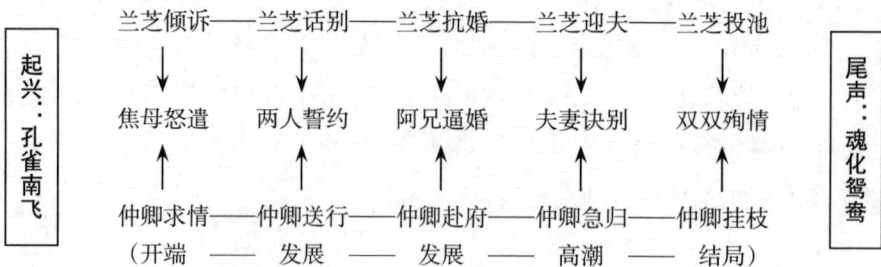

《孔雀东南飞》情节梳理示例

从上图我们可以看到,情节是在时而舒缓时而紧张的交错中起伏前进的。故事情节时而出现或有希望的生机,然又马上被新的矛盾激化。如诗文开头兰芝自述请别后焦仲卿与母亲的对话,让我于其对爱情的捍卫和笃定中燃起一丝希望,然而母亲捶床大怒的决绝重新把弦拉紧,进而出现兰芝被遣的局面。然夫妻话别的恋恋不舍情谊绵长又让我们相信了他们的誓言可以实现,从而内心又充满期待;县令遣媒把弦拉紧,母亲的维护和拒绝使事态得以缓冲;刘兄的逼婚又把弦拉紧,兰芝仰头应婚把故事推向高潮,此时故事走向仍不可测;府吏闻变而来,兰芝蹑履相迎,我们又似对苦命鸳鸯充满幻想,然焦仲卿的话再次激化了矛盾,最后把故事结局推向了不可挽回的悲剧。

3. 照应

《孔雀东南飞》的情节特色除了曲折跌宕外,也多有伏笔和照应,让学生去发现和寻找,激发学生的主动性,在发现中提升学生对诗文整体性的把握。

比如兰芝自述"十三能织素,十四学裁衣"照应后文"三日断五匹"及做嫁衣的情节,可以看到刘兰芝的勤劳能干。

比如府启阿母"结发同枕席,黄泉共为友"的话照应了其子挂东南枝的结局,可见其对爱情的坚定。

比如焦母在遣兰芝时对仲卿提及"东家有贤女,自名秦罗敷"在后文仲卿别母时有"东家有贤女,窈窕艳城郭,阿母为汝求,便复在旦夕。"的照应,可见焦母对兰芝的不满本不在兰芝,而在其自己的心猿意马。

比如夫妻话别时兰芝"我有亲父兄,性行暴如雷,恐不任我意,逆以煎我怀"的担忧照应后文的刘兄逼婚,可见其兄的势利、市侩,而这样的想法是具有典型性和代表性的。

比如夫妻两次誓言内容的照应,比如夫妻誓言和故事结局的照应,等等。

除此,本诗另有闲笔、侧面烘托等多种叙事手法,以学生发现为主,均可加以鉴赏,累积学生对叙事诗的叙事特色知识并提升鉴赏能力。

任务三：作为长篇叙事诗的代表，《孔》除了以上的艺术特色外，你认为本文有着怎样的思想意义呢？

1. 悲剧根源探究

一个悲剧的产生一定是有原因的，我们对悲剧根源的探究能够得到避免悲剧的启示，从而使作品"多谢后世人，戒之慎勿忘！"的警戒意义得以传达。此活动为开放性探究，但无论何种原因，均需有理有据，理据可以出自原文，也可以出自情理或者史故，多方位调动学生思维，启发学生的思辨能力。

比如：(1)门第——焦刘两家贵贱悬殊，门第不对，从文中"汝是大家子，仕宦于台阁，慎勿为妇死，贵贱情何薄！"中可知，不管客观上焦、刘两家是否悬殊，在焦母的眼里，"东家女"很显然门第更高，因此见异思迁。

(2)无后——虽然我们借焦仲卿口看到"共事二三年，始尔未为久"，但从焦母角度，二三年兰芝仍未生育，应该已经挑战到她的耐性，就算不能单一构成驱遣她的理由，起码驱遣起来也算了无顾虑。

(3)人性——焦、刘二人情深意笃、恩爱有加，而作为独身抚养仲卿的焦母，不能理解也不能容忍仲卿与兰芝间的爱情，对儿子的"占有欲"使其本能地讨厌刘兰芝。

(4)刘兄——如果刘兰芝回到娘家能够受到优待，如果其兄重手足之情而明礼仪，兰芝有容身之地，那么事情也许有转圜的余地，恰是刘兄"不嫁义郎体，其往欲何云"的逼迫，使得刚烈、自尊的刘兰芝"登即相许和"，这代表着她与家庭的决裂，而在封建社会，女人没有自足的途径，被休回家，而又没有娘家的收容，势必无路可退。

2. 焦、刘的故事让你想到哪些类似的故事？试比较其异同。

比如：陆游与唐婉，也是因为陆母的反对而夫妻离散，最终导致悲剧结局。

比如：梁山伯与祝英台，也是因门第贵贱而最终导致悲剧。

我们通过悲剧根源的多维追寻，追寻到的是作品的思想意义，再进一步启发我们今天对"爱情"与"婚姻"的思考。

四、课堂总结

经典的学习是多向度的,《孔雀东南飞》从不同的角度开发我们同样可以提炼出众多的学习目标,然而结合单元任务与篇章特色,对于叙事艺术和文章思想意义的魅力探究是重中之重,而经典的魅力恰在于其形、质兼美,我们在任务群的完成中,既要学习必备知识、关键能力,也要提升思维、思想和审美的能力。

（张春梅）

奇之又奇　因声求气

——《蜀道难》群文联读

一、学习目标

1. 群文阅读，比较鉴赏三首同题诗歌的不同之处。

2. 精读课文，探究《蜀道难》"奇之又奇"的绝妙。

3. 吟咏诵读，体察李白激情、豪迈、飘逸的浪漫诗风。

二、课堂导入

唐代孟棨在《本事诗》载：李太白初自蜀至京师，舍于逆旅。贺监知章闻其名，首访之。既奇其姿，复请所为文。出《蜀道难》以示之。读未竟，称叹者数四，号为"谪仙"，解金龟换酒，与倾尽醉。

本节课我们一起通过三个任务来探究一下这首《蜀道难》为何能为李白得到"谪仙"称号。

三、具体任务

任务一：群文阅读，发掘三首《蜀道难》的不同之处。

蜀道难

阴　铿

王尊奉汉朝，灵关不惮遥。

高岷长有雪,阴栈屡经烧。

轮摧九折路,骑阻七星桥。

蜀道难如此,功名讵可要。

《蜀道难》
刘孝威

玉垒高无极。铜梁不可攀。双流逆蠓道。九坂涩阳关。

邓侯策马度。王生敛辔还。敛辔惧身尤。叱驭奉王猷。

若吝千金重。谁为万里侯。戏马吞珠界。扬舼濯锦流。

沈犀厌怪水。握镜表灵丘。禹山金碧有光辉。迁亭车马尚轻肥。

弥想王褒拥节反。更忆相如乘传归。君平子云阒不嗣。江汉英灵信已衰。

蜀道,指通往蜀地的道路,亦泛指蜀地。《蜀道难》是乐府旧题,属《相和歌辞·瑟调曲》中的调名,内容基本上都是写蜀道的艰难险阻,通行不易。在李白之前,还有7首同题诗作,分别是梁简文帝的二首、刘孝威的二首、阴铿的一首、唐张文琮的一首。本节课选取南朝梁陈间诗人阴铿和南北朝刘孝威的作品,请同学们联读这三首诗,说一说有什么不同之处。

学生自由诵读文章后,同桌之间合作完成表格的填写,并投影展示。

表1　诗人比较

诗人 不同点	阴铿	刘孝威	李白
……	……	……	……

奇之又奇　因声求气

113

明确不同点：

1. 意象：

阴诗：积雪、栈道、道路、桥。

刘诗：山(玉垒、铜梁、禹山)，河流(长江、汉水)、道路、信等。

李诗：青泥、岩峦、巉岩、悲鸟、古木、子规、夜月、空山、枯松、绝壁、飞湍、瀑流、回川、转石等。

与阴铿和刘孝威的写实的意象不同，李白的意象丰富多彩且结合大量的想象联想，富有画面感。

2. 音律、音韵：

阴诗："朝、遥、烧、桥、要"，韵脚在"ao"音；

刘诗："攀、关、还"用"an"。"尤、猷、流、丘"用"iu"。"辉、归"用"ui"，有几处转换，但是并不相连，整体层次不够分明。

李诗：韵脚多变，以"ian""uan""an""ai"为主，如"天""烟""巅""连""川""援""元""峦""叹""攀""间""山""颜""哉""开""豺"……五次转韵，流畅自然，且发音较为短促，有一种活泼灵动的趣味。"蜀道之难，难于上青天"重复三遍，有一唱三叹、回环往复的意味，读起来朗朗上口，富有音韵美。再者，李诗中有疑问句、感叹句等，语调起伏多。

3. 句式：

阴诗：作品句式全都是五言的结构，没有变化。

刘诗：作品中有14句为五言，6句七言，虽有简单的变化，但仍较为工整。

李诗：《蜀道难》中句式复杂多变，有三言、四言、五言、七言、九言、十一言，总共49句的诗中，整齐的句式有28句，剩下的21句为散句，整首诗骈散结合，参差错落，富有意趣。

4. 艺术手法：

阴诗：白描，实写。

刘诗：记叙、描写兼有，多为实写。

李诗：运用了许多大胆的夸张(如"难于上青天""连峰去天不盈尺")、神奇的想象、神话传说("蚕丛鱼凫""五丁开山""六龙回日""子规啼血")，化用诗句，细节描写("扪参历井仰胁息，以手抚膺坐长叹。")，正侧相衬，声色相映("飞湍瀑流争喧豗,砯崖转石万壑雷。"),动静结合,虚实相生,借景抒情,情景交融。李白的《蜀道难》还有非常强烈的抒情,如开篇第一句,七个字中有五个语气词"噫吁嚱""乎""哉",直接抒发对蜀道之高的惊叹。

小结:通过群文联读,将三首同题的诗进行多角度比较后,我们会发现同样都是写蜀道的艰难险阻,但在写作的手法、结构、意境的营造等方面却有明显的高下之分,李白的诗有着鲜明的盛唐气象,磅礴大气,气势雄浑,也淋漓尽致地展现出他特有的豪放飘逸的性格。

将李白的《蜀道难》和前人的诗作进行比较,可以帮助学生更加直观地发现诗歌在意象、结构、艺术手法上等多角度的不同点。由学生自主合作探究开放性的问题,可以让不同层次的学生都能有所体察,有所发掘。另外,也能通过群文的方式,提升学生对于诗文的阅读能力和品鉴能力。

任务二:精读课文,探究《蜀道难》"奇之又奇"的绝妙。

唐朝文学家、诗选家殷璠在《河岳英灵集》中提及李白的《蜀道难》时有这样的论述:"白性嗜酒,志不拘检,常林栖十数载。故其为文章,率皆纵逸。至如《蜀道难》等篇,可谓奇之又奇。然自骚人以还,鲜有此体调也。"

你认可"奇中又奇"这一评价吗? 请自由品读文章,写下你对这个问题的思考。

参考:不认可的角度——李白的写作向来擅长夸张、想象联想,句式的参差也不少见,如《梦游天姥吟留别》《将进酒》《长相思》《行路难》等,对于诗人自己的写作来说不算突出。其他诗人也有这样的写作能力,如张若虚《春江花月夜》等。

认可的角度——李白作为浪漫主义诗人的巅峰,的确大量的诗作都是运用了夸张、虚实、用典等手法,但是将这些和句式、反复等多种手法连用却是非常少见,可以说《蜀道难》是浪漫手法的"集大成者"。

李白的《蜀道难》从远古神话叙说展开,有历史纵深的意味。使用了令人恐惧的意象,部分诗句展现的是幽暗鬼魅,令人心慌的情境,这在诗词作品中是非常大胆的。

李白的这首诗有无穷的情绪张力,从开头的三个叹词连用开始,全文有许多的语气词、叹词,大胆地使用复沓,推进情绪的深化。

都是写《蜀道难》，李白表达蜀道的艰险，相比于阴铿、刘孝威等人的《蜀道难》展现的道路"艰难"，不便通行，李白的《蜀道难》则展现了多个神话故事、多种奇险雄壮的美，表现出视觉、听觉的多重感官冲击。

除了表现山高路险的惊心动魄又奇幻迷离的吸引力外，这首诗的情绪是复杂的，有一种豪放和惆怅并存的心灵的震颤，有对壮丽河山的热爱向往，也有对自然的敬畏戒惧，也有对行人和自我的劝慰，也有对国家、社会乃至人生的警觉和悲悯。

结合李白的壮游和仕途起伏，或许这首诗里诗人也有借由蜀道之难，隐喻仕途之路的艰难的意味。

（开放性问题，能自圆其说就可。）

小结：王运熙《汉魏六朝唐代文学论丛》："以蜀道艰难为中心，从山的高峻崔嵬、山路的险阻难行、山林环境的危险和气氛的凄厉、人事的变幻莫测等方面，发挥了丰富的想象，以极其夸张的语言，刻画了不平凡的自然面貌，抒发了诗人激越的感情。"

任务三：吟咏诵读，体察李白激情、豪迈、飘逸的浪漫诗风。

学生独诵、轮读、齐诵都可，根据课堂时间可加上老师范读或听名家朗诵。

朗诵时要注意不同句子的快慢、轻重、停顿等。可配上背景音乐。

例如：

1. "噫吁嚱，危乎高哉"写仰望蜀道时被震撼到脱口而出的感慨，要读得很有气势。"噫吁嚱"是极其惊讶，可适当加上面部震惊的表情，"危""高"，都表示高，连用表明对蜀道高峻的强调，"乎""哉"可以拉长语音。

2. "蜀道之难，难于上青天！"有奠定全文情感基调，暗示环境艰险的作用，因此"蜀道之难"，可读得平缓，略作停顿后，"难于上青天"要用升调来读，语速宜慢一些。

3. "蜀道之难，难于上青天，使人听此凋朱颜！"当放低声调，可适当用颤音。

4. "蜀道之难，难于上青天，侧身西望长咨嗟！"当读得缓慢、深沉，特别末句"长"字前应当有停顿，"长"要读得长一些深沉一些。

叶嘉莹认为"诗的文字是结合着声调出来的"，吟诵诗歌可以让我们走进诗词，走近诗人。诵读诗歌，也是读懂一首诗最直接最有效的方法之一。在理解了诗歌后再读，学生能更进一步感知诗人的浪漫主义。

四、课堂总结

本节课我们一起通过联读、精读、诵读的方式学习了《蜀道难》。通过对蜀道艰险的描写，展现了迷离惝恍、奇丽峭拔的图景，李白以奇特的想象、令人震惊的夸张和奇趣的描写深刻地展现出了生命奔放的激扬，并通过个体生命的激扬表现出了具有浪漫色彩的盛唐气象。

（姜雪心）

奇之又奇　因声求气

微镜头下的城市

——《望海潮》《扬州慢》联读

一、学习目标

1. 比较两首词在意境和写作手法上的不同,掌握古诗词鉴赏方法。

2. 品析"欢歌"与"悲吟"两种不同的文学书写主题。

主任务:同样是歌咏城市,《望海潮·东南形胜》写的是什么样的杭州城?《扬州慢》写的是什么样的扬州城? 两位词人是如何描写的? 各自表达的主题是什么?

二、课堂导入

(播放一段与杭州、扬州有关的微视频)近些年,文化工作会议经常指出:"要让千年宋韵成为江南最具标志性的文化名片。"近期,扬州与杭州要参加"微镜头下的宋韵"微视频制作大赛,想以《望海潮》和《扬州慢》为蓝本,为宋代的杭州与扬州各拍一个微视频。让我们化身导演,穿越到宋代,透过微镜头,看看两座底蕴深厚的文化名城。

三、具体任务

初步印象——你对杭州和扬州的印象是什么?

任务一:配音频

要拍摄微视频,首先要有合适的 BGM,我为大家准备了两个配乐,请大家欣赏,说说你认为《望海潮》《扬州慢》各适合哪一个。

请大家推荐一男一女两位播音员,就着配乐朗诵两首词。

总结:如果要为两个视频选择色调的话,你觉得哪个适合暖色调,哪个适合冷色调?

任务二:找镜头

1. 微视频开拍,你将用哪些镜头来表现两座城的繁华与空寂?

2. 两首词中的景物构成了意象群,它们各有什么特点?

点拨:有很多意象可以拆分成一个形容词和一个名词的格式。

表1　城市镜头

	镜头(意象)	特点(意境)
繁华	烟柳、画桥、风帘、翠幕、十万人家、云树、堤沙、怒涛、天堑、珠玑、罗绮 叠𪩘、桂子、荷花、羌管、菱歌、钓叟、莲娃、高牙、箫鼓、烟霞	壮美 富丽
空寂	荞麦、废池、乔木、清角、二十四桥、冷月、红药	凄清 悲凉

任务三:析镜头

1. 小组讨论:拍摄时发现柳词镜头繁多且杂乱,能否进行分类?

明确:《望海潮》可整理成三幅图:形胜风物图、钱塘风俗图、官民同乐图——铺叙——微视频拍摄手法:蒙太奇。

小结:柳词的意象虽然繁多,但通过铺叙,条理清晰地统摄在"繁华"之下。一个人,一座城。柳永道尽杭州繁华。

过渡:杭州繁华,那么扬州呢? 实际上,扬州在历史上也是很繁华的城市。那么繁华的扬州,从姜夔的词中能找到佐证吗? ——"春风十里、青楼梦好"。

扬州,商业之都,销金窟,风流地看。而对于落魄的杜牧来说,扬州青楼不仅是繁华的标志,更代表一种温情,是中国文人的精神家园与灵魂疗伤之地。

2. 在拍摄《扬州慢》时,是否把"春风十里""青楼"两个镜头放进去?请自由朗读PPT上杜牧的诗,与原文对比。

明确:放入——虚实相生——微视频拍摄手法:蒙太奇。

结语:如果说,柳词可以分为三幅图,姜词就可以分为两幅:春风十里图、空城萧条图。扬州,两个人,一座城。杜牧和姜夔的两种扬州记忆叠加在一起,在词中相敬相杀。

我们的微视频已经找好了镜头,在对镜头作了细致分析后,知道了哪些地方该进行蒙太奇处理。到这里,我们微视频的文案策划已经接近完成。

任务四:抒写城市记忆

跟随着微视频镜头的层层铺开,我们看到了"自古繁华"的杭州,而在虚虚实实之间,我们也领略了从繁华到空寂的扬州。繁华与空寂,都是城市的记忆。冯骥才说:

城市和人一样,也有记忆。一代代人创造了它之后纷纷离去,却把记忆留在了城市中。

城市的记忆,也是人的记忆。微视频以柳永和姜夔的视角来创作,镜头也染上二人的情感色彩。让我们进入他们的记忆,将视频制作得更精致。知人论世,请大家说说柳永和姜夔在写词时的情感。

点拨:柳永为什么花大笔墨写人民安居,还写官民同乐呢,甚至还写官员风雅?

明确:柳永写的是干谒诗。北宋时代的柳永,笔下的杭州是他内心的反映,反映了士大夫积极进取的精神追求。我们不应该只看到表面繁华。

姜夔写的是怀古伤今之作。眼前的破败让他怀念起杜牧时代的晚唐风流,与"黍离之悲"熔铸在一起,字字泣血,展现了士大夫的家国情怀。

城市,总是在繁华与空寂的交替中向前发展。柳永与姜夔,其实只是经历了城市历史的一个片段,柳永经历了繁华,而姜夔经历了空寂。这样的经历投射到文学作品中,就变成了艺术创作的两大式样——欢歌与悲吟,它也可以是微视频的两大风格。

任务五：投选票

我们的微视频已经入围决赛。假如你是评委，请你为两个作品投票，说说你更喜欢哪种表达？

四、课堂总结

城市的发展在悲欢中交替，城市的记忆也是人的记忆。我们今天看到的是一个又一个文学作品传承下来的城市记忆。文人创作时的情感是不同的，一如柳永的意气风发，姜夔的黍离之悲，但相同的正是对这座城市历史的尊重与体认。城市，不仅是地缘意义上建筑物的集聚，更是文人墨客们记忆的抒写与叠加。城市，更是一种文化符号。

（梁翰晴）

两诗人　一座城

——《扬州慢》与杜牧扬州诗联读

一、学习目标

1. 了解扬州的传统文化,提升学生的审美情趣和文化素养。

2. 在诵读的过程中,品味体会中国古典诗歌特有的意境美,培养学生鉴赏能力。

3. 在扬州城的今昔变化中深刻感悟词人的"黍离之悲"。

二、课堂导入

扬州作为历史文化名城之一,热闹繁华,富庶得遍地流油,曾引得无数文人骚客为其折腰,沉醉其中。相隔三百余年,晚唐的杜牧和南宋的姜夔先后踏上这座城,或为之流连忘返,或为之扼腕叹息。这节课让我们一起跟随这两位多情的诗人,赏扬州城,品家国情。

三、具体任务

任务一:绘制扬州城景

1. 扬州在姜夔笔下、杜牧眼中分别是什么样子的? 从《扬州慢》中各选取一个词回答。

提示:姜夔笔下是"空城",杜牧眼中为"名都"。

2. 阅读杜诗,通过主要意象想象描写杜牧笔下的扬州城。

"二十四桥":来自《寄扬州韩绰判官》,是杜牧寄给友人的一首诗,两人感情笃实。此时杜牧不在扬州,在千里之外,写诗代信。二十四桥在这首诗中是实写,是杜牧回忆自己在扬州的生活——两人相约在二十四桥游玩的情景。二十四桥在《梦溪笔谈》里记录"扬州在唐时最为富盛,旧城南北十五里一百一十步,东西七里三十步,可纪者有二十四桥。最西浊河茶园桥,次东大明桥,今大明寺前。入西水门有九曲桥,今建隆寺前。次东正当帅牙南门,有下马桥,又东作坊桥,桥东河转向南,有洗马桥,次南桥,见在今州城北门外。又南阿师桥,周家桥,今此处为城北门。小市桥,今存。广济桥,今存。新桥,开明桥,今存。顾家桥,通泗桥,今存。太平桥,今存。利园桥,出南水门有万岁桥,今存。青园桥,自驿桥北河流东出,有参佐桥,今开元寺前。次东水门,今有新桥,非古迹也。东出有山光桥,见在今山光寺前。又自衙门下马桥直南有北三桥,中三桥,南三桥,号"九桥",不通船,不在二十四桥之数,皆在今州城西门之外。"在后世文人的笔下,已经由实转虚,是中国古诗词的重要意象,抒发独特的内心情感:比如对扬州的赞美、向往之情;又如对旧事的怀念追忆,内心的惆怅;再如抒发物是人非,黍离之悲的感慨(《扬州慢》就是这种情感的体现)。

"珠帘十里":出自《赠别二首(之一)》,这是杜牧在离开扬州时对一位歌姬的赠别诗,全诗用一人之美力压一城之美来盛赞对方的美貌,既渲染了扬州富丽豪华、纸醉金迷的气派,也给人留下扬州城舞榭歌台云集,美女胜景的热闹印象。

在扬州城的十里长街上不知有多少舞榭楼台,在珠光璀璨的帘幕后不知有多少美人佳丽,花容月貌,在桥上弄笛吹箫,月亮也要沉醉扬州的暖风中,"十里长街市井连","春风满城郭,满耳是笙歌"。难怪杜牧对扬州情有独钟,走到哪里看到的都有扬州城的影子,走到哪里都能为扬州城赋诗一首,"人生只合扬州死",说的就是杜牧与扬州的情缘吧,扬州一梦,人生的其余时光也便是苍白无力。

3. 姜夔笔下的"空城"体现在哪里?

(1)"尽荠麦青青"。"尽"是"都、全"的意思,"青青"形容草木繁盛的样子,这句话的意思是放眼望去,遍地都是茂盛的野生麦子,与"国破山河在,城春草木深"有异曲同工之妙,野草越繁盛茂密,就越发反衬出扬州城如今的荒凉荒芜,正因为无人打理所以才会荠麦青青。

(2)"废池乔木,犹厌言兵"。"犹"是"尚且、还"的意思,这句话用了拟人的手法,池台被废弃,古树虽然残存,仍不改战争过后一片废墟的残破,两者作为那段苦难历史的受害者和见证者,即使战争已经过去很久,它们还依旧害怕提起打仗,可见战争的创伤之深,扬州城遭受战争的毁坏之大,有"此时无声胜有声"的效果。

(3)"渐黄昏,清角吹寒"。在杜牧笔下,响彻扬州城的是十里长街鼎沸的人声、丝竹管弦,可是在这里,一日将尽,只有号角悠悠吹响在人的心间。"黄昏"本来是一个让人感伤的意象,一日将尽,而这个"寒"字既表明了天寒,也表现了吹起的清角声让人觉得冰冷,心中涌起阵阵寒意。这句话,天寒、声寒、心寒,层层推进,可见作者对扬州变成空城后一片荒凉的痛心。

(4)"冷月无声"。运用通感的手法,望月本是一种视觉感受,可作者却感受到了触觉——"冷"。月亮是中国传统意象,"人生代代无穷已,江月年年望相似",月亮见证了扬州城的繁华富庶,现在也正凝望着它的萧条破败。作者正目睹着扬州城的荒芜衰败,此时此刻月冷人更冷,月无声人更失魂落魄,回忆往昔战前扬州城的繁华富庶更让人心痛难忍。

(5)"念桥边红药,年年知为谁生"也能表现扬州的"空"。芍药怒放,但扬州是一座空城,无人欣赏,花儿不知年年盛开似乎也在年年待人归来,花儿的鲜艳反而又增添了几分感伤。在这里是虚写,词人路过扬州城是冬天,并不是芍药花开的时节,但作者想象纵使冬去春回,芍药花开,也无人观赏的落寞准确表达了作者对时代的感伤。这幅画面变成了虚景后,在表情达意上就更深入,伤感痛苦之情溢于言表,这正是"物是人非事事休,欲语泪先流"!

任务二:诵读扬州之情

1. 初读诗歌,正读音,定基调

(1)找出韵脚:程、青、兵、城、惊、情、声、生等都押 eng、ying 韵。从声调上来讲,押平声韵,平声韵效果——韵味悠长,余味无穷。

（2）标出平仄，划出节奏：

平仄平平，仄平平仄，仄平仄仄平平。

淮左／名都，竹西／佳处，解鞍／少驻／初程。

仄平平仄仄，仄仄仄平平。

过／春风／十里，尽／荠麦／青青。

仄平仄平平仄仄，仄平平仄，平仄平平。

自／胡马窥江／去后，废池／乔木，犹／厌／言兵。

仄平平，平仄平平，平仄平仄平。

渐／黄昏，清角／吹寒，都／在／空城。

仄平仄仄，仄平平平、平仄平平。

杜郎／俊赏，算／而今、重／到／须惊。

仄仄仄平平，平平仄仄，平仄平平。

纵／豆蔻／词工，青楼／梦好，难赋／深情。

仄仄仄平仄，平平仄、仄仄平平。

二十四桥／仍在，波心／荡、冷月／无声。

仄平平平仄，平平平仄平平。

念／桥边／红药，年年／知／为谁生。

（3）确定语调

"扬州慢"既是词牌又是词题。

扬州——词的内容

慢——慢词（曲调舒缓）

朗诵时停顿要长，不能急促，节奏要舒缓。

2. 把握情感，再读诗歌

（1）若流连"名都"的杜牧来到了此刻姜夔所处的"空城"，会是什么感觉呢？

惊。杜牧会因为扬州的"空"而惊。昔日的"春风十里"已长满"青青荠麦"，当年与友人同游的"二十四桥"如今只剩下"冷月无声"，繁华早已不在，城内空荡荒芜，杂草丛生，昔盛今衰，因而纵"杜郎俊赏"也"难赋深情"。

（2）同样一座城为什么变化如此之大？请大家从原文寻找答案。

"胡马窥江"

小序:"夜雪初霁,荠麦弥望"表明词人在冬日雪后来到了扬州城。"四顾萧条,寒水自碧,暮色渐起,戍角悲吟",虽只有六个四字短语,但蕴含的萧条、寒、悲、凄凉之意尽在其中,夕阳之下,寒水之畔,又闻悲角长鸣,词人的"黍离之悲"也就油然而起。

(3)什么是"黍离之悲"

彼黍离离①,彼稷②之苗。行迈靡靡③,中心摇摇④。知我者谓我心忧;不知我者谓我何求。悠悠苍天,此何人哉!

彼黍离离,彼稷之穗。行迈靡靡,中心如醉。知我者谓我心忧;不知我者谓我何求。悠悠苍天,此何人哉!

彼黍离离,彼稷之实。行迈靡靡,中心如噎⑤。知我者谓我心忧;不知我者谓我何求。悠悠苍天,此何人哉!

注释:①黍:谷物。离离:成排成行的样子。②稷:谷物名。③行迈:前行。靡靡:步行缓慢的样子。④中心:心中。摇摇:心中不安的样子。⑤噎:忧闷已极而气塞,无法喘息。

词人在《扬州慢》中充满了对昔日繁华的追忆和怀念,对今日山河残破的哀思,对国家昔盛今衰的痛惜伤感之情。

任务三:完善扬州诗图

1. 展示诗人写的大量关于扬州的诗文,从诗句中归纳扬州这座历史名城的特点。

①唐代徐凝的《忆扬州》

②唐代李白的《黄鹤楼送孟浩然之广陵》

③唐代王建的《夜看扬州市》

④南朝梁人殷芸的《殷芸小说·吴蜀人》:有客相从,各言所志:或愿为扬州刺史,或愿多资财,或愿骑鹤上升。其一人曰:"'腰缠十万贯,骑鹤下扬州',欲兼三者。"

⑤宋代洪迈的《容斋随笔》卷九:商贾如织,故谚称"扬一益二",谓天下之盛,扬为一而蜀次之也。

⑥宋代苏轼的《江城子·墨云拖雨过西楼》

⑦南朝诗人鲍照的《芜城(广陵)赋》：东都妙姬，南国佳人。

⑧《广陵古竹枝词》(节选)：扬州女儿太风流，每到花期镇日游。

⑨清代郑板桥的《画作一帧》

总结：景美、人美、人文荟萃、饮食、历史

2. 搜集有关家乡的诗句文章，并尝试自己创作展现家乡的文化与情思。

四、课堂总结

卡尔维诺在《看不见的城市》中假借马可波罗之口向忽必烈介绍了沿途的五十座城市，其实这些城市都是虚构的，但座座都有威尼斯的影子。城市的身份既是真实的也是隐喻的，诗人们只不过是在想象和隐喻中展开对城市意象的描绘。希望同学们通过对家乡的观察、想象、写作，共同构建一个多方面延展想象的、立体的家乡。

(许依依)

"精神胜利法"的炼成

——《阿Q正传》学习任务群设计

一、学习目标

1. 能够以阿Q的视角叙述课文节选部分的故事。

2. 体会文中鲁迅高超的文字艺术。

3. 探究阿Q炼成精神胜利法的过程及深层原因。

二、课堂导入：

茅盾曾在《小说月报》第十三卷第二期上给读者谭国棠的信中说，阿Q这人要在现实社会忠实指出来，也是办不到的，但我读这篇小说的时候，觉得阿Q这人很是面熟，是呵，他是中国人品性的结晶呀！而法国作家罗曼·罗兰也说在法国大革命时期，也有类似阿Q的农民。其实，各民族的人都有精神胜利法，只不过是表现形式有所不同，在具体的人身上的程度也大不一样。阿基米德说，给他一个支点，他可以撬起地球。鲁迅先生以他自己为支点，撬开了整个顽固的旧时代。今天，我们将以阿Q的视角，重新返回那个旧时代，去听去看去研究，精神胜利法这个神功是如何炼成的。

三、具体任务

任务一：修炼神功的现实需要

1. 以阿 Q 的口吻叙述课文节选部分的故事。注意要符合人物的心理和口吻。

示例：我住在未庄的土谷祠里，给人家打短工拿工钱。村里人没见过世面，我看不上他们。不过，说起来难为情，我头上有块癞疮疤。村里那些人就常常拿这个来取笑我，真是气死人啦。我看谁不顺眼就要和他吵架，有几次还动了手，虽然有时还被打了，但人总有被儿子打的时候，这个世道就是这样。上次我赌钱赢了一堆洋钱，结果又被儿子们打了一顿，更可气的是，赢得钱也被抢走了。今天，我看见"王胡"在太阳下捉虱子，我和他比捉虱子，真是妈妈的，我捉到的虱子竟比"王胡"少，又被儿子打了。正在这时，"假洋鬼子"走过来了，我为了撒气，就骂了一句。不料被他听到了，又遭到了儿子一顿哭丧棒。真是晦气，原来是碰见了尼姑，这个小尼姑刚好给我解解气，她任我骂，任我揿脸蛋，终于把刚才憋得气都撒了。

2. 为阿 Q 做人物档案，尽可能详细地包括阿 Q 的个人信息，建议用表格的形式。

示例：

表1　人物档案

年龄	三十出头
籍贯	不详
身份地位	一无所有的贫苦农民
工作	打零工
外形特征	头上有癞疮疤
性格特征	精神胜利法
生平最得意的事	欺负小尼姑
生平最值得炫耀的事	进过城并看过杀头

续表

最受人欢迎的时候	从城里带东西回来的日子
死前最后一句话	过了二十年又是一个……
口头禅	妈妈的

3. 小组合作讨论,分析阿Q的生活环境,包括地理环境、社会环境、环境中的人。

①闭塞保守的地理环境:未庄是一个面积不大离城市较远的小村庄,这里的人长期生活在小国寡民、自给自足的环境中,稍有满足便夜郎自大,盲目排外。

②愚昧麻木的社会环境:在未庄,赵太爷之流掌握了绝对的话语权,甚至可以决定人的姓氏,普通群众和下层穷苦百姓饱受封建礼教思想毒害,满脑子封建节烈思想。饱受欺凌而又互相争斗。

③统治阶级的残酷统治:贫苦农民长期政治上受压迫,经济上受剥削,精神上受毒害,人格上受侮辱。

④麻木冷漠的底层百姓:未庄的底层百姓和阿Q一样,身份上是贫农,政治上是被剥削者,经济上赤贫,但他们冷漠、冷酷对待比他们更弱小的阿Q。

这是一个落后、封闭的受封建思想严重封锁的村镇。代表封建势力的赵太爷和曾经留过洋的假洋鬼子等统治着一切。社会下层的农民面对剥削和压迫逆来顺受,麻木不仁,甚至相互争斗。未庄人看不起城里人,因为城里人把"长凳"叫"条凳",煎鱼时放葱丝而不放葱段。未庄人几乎不怎么进城,在革命的风波波及未庄时人们探头探脑地调查,把自由党说成"柿油党",把证章说成"顶子"以及关于辫子的盘法等细节,都反映出未庄的落后、封闭的特点。

任务二:修炼神功的曲折过程

1. 统观修炼全局,梳理阿Q五次动手经历,完成表格,赏析形神毕肖的描写。

表2　描写赏析

	事件	心理、语言、动作
第一次	闲人嘲讽癞疮疤	我总算被儿子打了
第二次	争论"畜生""虫豸"被打	打虫豸,心满意足,天下第一
第三次	参与赌钱被打	自己打自己嘴巴
第四次	和王胡较量被打	"他肯坐下去,简直还是抬举他。""这毛虫!""君子动口不动手!"
第五次	辱骂"假洋鬼子"被打	骂,等待挨打

2. 细察修炼过程,探究阿Q五次动手各用什么方法获得精神胜利。

(1)第一次被闲人嘲讽癞疮疤

阿Q总是言语自大,怒目而视,以及一再自我暗示"我总算被儿子打了",采用了自欺欺人腹诽的方法获得胜利。

(2)第二次争论"畜生""虫豸"被打

"打虫豸,好不好? 我是虫豸——还不放么?"采用自轻自贱的方法获得胜利。

(3)第三次参与赌钱被打

阿Q自己打自己嘴巴采用自我摧残的方法获得胜利,然后"心满意足地得胜躺下了""他睡着了"。

(4)第四次和王胡较量被打

被打之后无可适从,这是平生第一件屈辱的事。阿Q无所适从,精神胜利法遭遇到了危机。

(5)第五次辱骂"假洋鬼子"被打

这是平生第二件屈辱的事,被打之后反觉得轻松些,阿Q采用忘却屈辱的方法获得胜利。

3. 修炼过程有没有遭受瓶颈期? 如果有,阿Q是怎么突破的。

第一个瓶颈期是赌钱被打,"说是被儿子拿去了吧,总还是忽忽不乐;说自己是虫豸,也还是忽忽不乐:他这回才有些感到失败的苦痛了。"这时阿Q

『精神胜利法』的炼成

精神胜利法遇到了危机。最后他自打嘴巴,转移痛苦,用自我麻醉获得突破。

第二个瓶颈期是被王胡打,因为王胡向来是被阿Q看不起的,居然被他打了,这时阿Q就无所适从,他不知道为什么"他们"小觑了他。一直到被"假洋鬼子"打过之后,阿Q一并用忘却屈辱的办法才能获得胜利。之后欺辱小尼姑更让他的这种胜利达到十分的程度。

4. 如何看待阿Q被赵太爷打和欺辱小尼姑,这两件事在精神胜利法的修炼过程中起到怎样的作用?

(1)阿Q被赵太爷打了嘴巴后,反而"觉得赵太爷高人一等了"。这是因为他想到赵太爷这么一个威风八面的人物现在竟成了他的儿子,便得意起来。一方面,他在现实中处处碰壁,饱尝辛酸;另一方面,他又在幻想中自欺自慰,自傲自足,这就是阿Q精神胜利法最集中的体现:挨打是一种荣耀,挨打不但不能怨恨,反倒应该感激。再者,赵太爷越高人一等,他自然就越荣耀了。被赵太爷打就好像是在修炼神功时得到了高人的真气传输,让阿Q的精神胜利法的境界得到大幅提升。

(2)调戏小尼姑表明了阿Q欺软怕硬的性格,他把所受的屈辱都怪在小尼姑身上,通过调戏她达到心理上的满足,炫耀自己强大的一面。也揭示了阿Q精神胜利法中的忘却屈辱只是对比他更强的人而言,碰到比他更弱的对象,他会把这种屈辱转移过去。就像鲁迅所说的"强者发怒,举刀向更强者;弱者发怒,举刀向更弱者"。由此可见,精神胜利法不是一种温和的自我排遣,而是一种激烈的戾气压抑。调戏小尼姑就好像在修炼神功时经络堵塞功法运行不畅时突然打通了任督二脉,从而精神胜利法运行无碍。遇强手时自欺,获得精神上的胜利;遇弱手时欺人,得到戾气的宣泄。

5. 用简洁的语言梳理阿Q精神胜利法的形成发展的历程

受践踏——自尊——反抗——怒目主义——腹诽战术——自轻自贱——在假想中克敌制胜以转移痛苦——欺凌弱小以转移痛苦。

6. 有两个著名画家创作了阿Q画像,请结合选文内容,哪幅画与你心中的阿Q形象更为接近。

（1）左边画中阿Q撇着嘴的样子形象地表现出了他的妄自尊大，画家表现的阿Q是一个背对着读者转过头来的形象，表现出他被人欺负后在心里恨恨地嘟哝"儿子打老子"的样子。

（2）右边阿Q衣服上的补丁表示他生活贫苦，头发长短不齐，似乎可以看到头上的癞疮疤。画中阿Q倒背着手显得无所事事，皱起的眉头好像表现出对别人的不屑，外形表现得比较接近课文中的形象。

任务三：练成神功的无敌境界

小组讨论，阿Q练成精神胜利法后达到了怎样的做人境界？可联系到整篇小说。

1. 身体的失败与精神的胜利

（1）身体的失败

①首先见之于他的"瘦伶仃""黄辫子"以及"癞头疮"等，这些"体质上"的"缺点"暴露出他常年的饮食匮乏、营养不良。

②其次，是经常被别人打，致使阿Q接连遭遇新的失败。

③再次，被小尼姑诅咒"断子绝孙"。

（2）精神的胜利

是在现实中失败与屈辱面前，因为自己体弱或因为自己卑微等原因不能、不敢扭转局面，而使用幻想虚假的胜利、自嘲、自虐、虐弱者来在精神上实行自我安慰、自我麻醉,或者即刻忘却的一种方法。

2. 身体和精神上"痛感"的消失

精神胜利法在表面上起到了短暂消除失败带来的痛感,但本质上并没能,也不能救赎身体的失败,它只不过是把阿Q的失败感从他的知觉中强行驱离了,但这些失败感并没有就此消逝,而是潜入并累积在阿Q的意识深处。小说中的三个细节可以说明这一点。

(1)第一个细节是阿Q经常喜欢唱《龙虎斗》的一句戏词"我手执钢鞭将你打",并且往往同时做出"将手一扬"的动作。这个细节暴露了阿Q的潜意识对于自己经常被打是未能忘怀的,他其实渴望能够像别人打自己那样去打别人。

(2)第二个细节是阿Q对王胡的"复仇"。从阿Q"中兴"后在未庄讲杀革命党时所做出的"四面一看,忽然扬起右手,照着伸长脖子听得出神的王胡的后颈窝上直劈下去道:'嚓!'"这一系列动作来看,他并没有真的忘却当初的失败之辱,否则便不会在时隔半年后仍能伺机做出"复仇"举动。

(3)第三个细节是阿Q被人串谋夺去了赢来的赌钱后打自己嘴巴以消除"失败的苦痛"。该行为历来被视为阿Q精神胜利法的一次具体展现,这固然不错,但阿Q所谓的"胜利",最终是靠着将自己的行为经过复杂的心理逆转后,诠释为"自己打了别个"而完成的,就会再次意识到其潜意识中对于被别人打的耿耿和打别人的渴望。

(4)阿Q的精神事实上从未能真正胜利,现实的失败只能被其暂时掩盖或忘却,而不能被彻底根除。精神胜利法不过是对失败的拒绝或否认,在这种否认的背后隐藏着对胜利的渴望。一旦阿Q有机会或者自以为有机会获取现实的胜利,他是不会只安于或再安于精神胜利的(这也是阿Q并非无药可救的原因所在),而革命恰恰最大限度地提供了这样的机会,阿Q的趋向革命因此也就是理所当然的了。

四、课堂总结

鲁迅在一系列小说中描写了神情麻木不觉醒的看客形象:《药》《示众》里鉴赏杀人场面时,"一堆人""竭力伸长了脖子""嘴张得很大";《孔乙己》中酒客们取笑孔乙己写"回"字、偷书被打;《祝福》中鲁镇上的人们拿祥林嫂额上的伤疤、阿毛被狼叼走做笑料;而"阿Q十分得意的笑"着调戏小尼姑时,"酒店里的人也九分得意的笑";未庄的人们十分"欣然"地听阿Q讲杀革命党的事,阿Q游街示众时"两旁是许多张着嘴的看客",看客们露出"闪闪的像两颗鬼火"的狼一样的眼睛。

在现实社会中,随着市场经济大潮的涌来,民众中也存在类似的从众心理、看客心态,如在他人的痛苦中快意,在他人的失败中享用胜利;利用他人的善良进行欺骗,因为自己麻木而对他人漠不关心,等等。

怎样才是理想的人性?中国国民性中最缺乏的是什么?是我们今天仍然需要继续探讨的问题。希望工程、爱心工程、志愿者活动这些扶助机构、献爱心组织无疑给予了众多贫困儿童、困难人员以救助,解决了很多实际问题,但我们更呼唤正直善良、乐善好施的人性在日常生活中的体现:少一分距离,多一点亲近;少一分冷漠,多一点问候;少一分封闭,多一点坦诚;少一分欺诈,多一点诚爱。

(潘颂一)

温暖而隐伏着的悲痛

——《边城》(节选)学习任务群设计

一、学习目标

1. 梳理掌握《边城》(节选)的故事情节。

2. 品味文中的社会风俗美和世俗人情美。

3. 深入理解作者关注的中国普通民众的生活和精神世界,体会文章背后隐伏着的悲痛。

二、课堂导入

汪曾祺在《又读〈边城〉》中说,"《边城》的生活是真实的,同时又是理想化了的,这是一种理想化了的现实";又说,"《边城》是一个温暖的作品,但是背后隐伏着作者很深的悲剧感"。你是否有类似的阅读感受?循着自己感受最深的一点去思考探究,形成对作品的理性认识。这是教材中的单元演习任务中对我们学习《边城》提出的一个任务,我们需要搜集相关的评论,看看这些评论中的哪些说法可以支撑或者丰富你的观点,然后以《〈边城〉中的"矛盾"》为题,写一个发言提纲,在班级或者小组发言。

三、具体任务

任务一:话说《边城》

了解《边城》故事,梳理情节内容。

《边城》故事情节:在湘西风光秀丽、人情质朴的边远小城,生活着靠摆渡为生的祖孙二人。外公年逾七十,仍很健壮。孙女翠翠十五岁,情窦初开。他们热情助人,淳朴善良。两年前在端午节赛龙舟的盛会上,翠翠邂逅当地船总的二少爷傩送,从此种上情苗。傩送的哥哥天保喜欢上美丽可爱清纯的翠翠,托人向翠翠的外公求亲。而地方上的王团总也看上了傩送,情愿以碾坊作陪嫁。傩送不要碾坊,想娶翠翠为妻,宁愿做个摆渡人。于是兄弟俩相约唱歌求婚,让翠翠选择。天保知道翠翠喜欢傩送,为了成全弟弟,外出闯滩,遇意外而死。傩送觉得自己对哥哥的死负有责任,抛下翠翠出走他乡。外公因翠翠的婚事操心担忧,在风雨之夜去世,留下翠翠孤独地守着渡船,痴心地等待傩送回来,但"这个人也许永远不回来了,也许明天回来!"

本文节选了《边城》中的三至六章,阅读课文,完成结构导图。

请补充图中横线处空缺的情节／内容。

表1　情节梳理

第三章	顺叙	第＿＿个端午	筹备龙舟竞赛
第四章	＿＿叙	第＿＿个端午	翠翠巧遇＿＿＿＿
第五章	＿＿叙	第＿＿个端午	＿＿＿＿与＿＿＿初识
第六章	顺叙	回到现在	花轿情思

示例:

表2　情节梳理示例

第三章	顺叙	第　三　个端午	筹备龙舟竞赛
第四章	插　叙	第　一　个端午	翠翠巧遇　傩送
第五章	补　叙	第　二　个端午	翠翠　与　天保　初识
第六章	顺叙	回到现在	花轿情思

任务二:"画"说《边城》

沈从文从湘西山城的日常生活中摄取题材,汇聚笔下,为读者绘出一幅幅清丽秀美的画卷。课文节选部分着重描绘了"社会风俗画"与"世俗人情

温暖而隐伏着的悲痛

画",让我们一起"画"说《边城》,探寻边城之美。

1."边城所在一年中最热闹的日子,是端午、中秋和过年。"以小组为单位,找出文中对这三个节日相关风俗活动的描绘,品味这一幅"社会风俗画"有何特点。

过年、中秋:

这两年来两个中秋节,恰好都无月亮可看,凡在这边城地方,因看月而起整夜男女唱歌的故事,皆不能如期举行,故两个中秋留给翠翠的印象,极其平淡无奇。两个新年却照例可以看到军营里与各乡来的狮子龙灯,在小教场迎春,锣鼓喧阗很热闹。到了十五夜晚,城中舞龙耍狮子的镇筸兵士,还各自赤裸着肩膊,往各处去欢迎炮仗烟火。

端午:

端午日,当地妇女小孩子,莫不穿了新衣,额角上用雄黄蘸酒画了个王字。任何人家到了这天必可以吃鱼吃肉。大约上午十一点钟左右,全茶峒人就吃了午饭,把饭吃过后,在城里住家的,莫不倒锁了门,全家出城到河边看划船。

赛船过后,城中的戍军长官,为了与民同乐,增加这节日的愉快起见,便把三十只绿头长颈大雄鸭,颈脖上缚了红布条子,放入河中,尽善于泅水的军民人等,下水追赶鸭子。不拘谁把鸭子捉到,谁就成为这鸭子的主人。

……且知道祖孙二人所过的日子十分拮据,节日里自己不能包粽子,又送了许多尖角粽子。

表3　风俗特点

	端午	中秋	过年
活动	穿新衣 用雄黄蘸酒在小孩额头画"王" 吃鱼吃肉 龙船竞赛 捉鸭子 包粽子吃粽子	看月 整夜男女唱歌	看狮子龙灯 舞龙耍狮子 看放鞭炮
特点	山花流水般的风俗画笔,散发着泥土的清香,淳朴的风俗显示了湘西山城特有的地方色彩。		

2. 感受《边城》中的世俗人情画

"由四川过湖南去,靠东有一条官路。这官路将近湘西边境到了一个地方名为'茶峒'的小山城时,有一小溪,溪边有座白色小塔,塔下住了一户单独的人家。这人家只一个老人,一个女孩子,一只黄狗。"《边城》以这样一段话开篇,此后围绕撑渡船的老人和他的孙女翠翠,将湘西的风土人情画卷徐徐铺展在读者眼前。在这个茶峒小山城里生活着一群怎样的人?

(1)阅读课文,找出文中可以反映人物性格特征的语言、动作和心理描写的句子,体会人物的心理活动,赏析人物形象(以翠翠为主)。

通过翠翠的语言描写:

①……本来从不骂人,这时正因等候祖父太久了,心中焦急得很,听人要她上去,以为欺侮了她,就轻轻地说:"你个悖时砍脑壳的!"写出来翠翠的善良。

②老船夫即刻把船拉过来,一面拉船,一面哑声儿喊问:"翠翠,翠翠,是不是你?"翠翠不理会祖父,口中却轻轻地说:"不是翠翠,不是翠翠,翠翠早被大河里鲤鱼吃去了。"写出了翠翠的天真娇嗔。

③翠翠说:"一家人都好,你认识他们一家人吗?"……翠翠一面听着一面向前走去,忽然停住了发问:"爷爷,你的船是不是正在下青浪滩呢?"写出了翠翠的矜持含蓄。

④翠翠着了恼,把火炬向路两旁乱晃着,向前快快地走去了。"谁也不希罕那只鸭子!"写出了翠翠的质朴纯粹。

通过翠翠的动作描写:

①翠翠为了不能忘记那件事,上年一个端午又同祖父到城边河街去看了半天船。

②翠翠一句话不说,只是抿起嘴唇笑着。

③到了家边,翠翠跑回家去取小小竹子做的双管唢呐,请祖父坐在船头吹"娘送女"曲子给她听,她却同黄狗躺到门前大岩石上荫处看天上的云。白日渐长,不知什么时节,祖父睡着了,翠翠同黄狗也睡着了。

通过翠翠的心理描写:

①翠翠一面注意划船,一面心想"过不久祖父总会找来的"。但过了许

久,祖父还不来,翠翠便稍稍有点儿着慌了。

②翠翠还是不离开码头,总相信祖父会来找她,同她一起回家。

③翠翠想起自己先前骂人那句话,心里又吃惊又害羞,再也不说什么,默默地随了那火把走去。

④但另一件事,属于自己不关祖父的,却使翠翠沉默了一个夜晚。

总结:翠翠在自然秀美的湘西边城长大,是一个天真无邪、纯真娇憨、纯朴善良的女孩。她情窦初开,却因少女的矜持羞涩而将感情暗藏心底。她是作者理想中的爱和美的极致。

(2)小组合作,探寻小说中都为我们展现了人世间哪些美好的感情?

乡情:

①傩送送素不相识的翠翠回家。

②爷爷对孤老汉的惦记。

③顺顺对翠翠祖孙的关照。

④爷爷与商人对钱财的推让。

亲情:

①翠翠对爷爷的关心和依恋。

②爷爷对翠翠的无限关爱。

爱情:翠翠对待爱情娇羞矜持,不敢敞开心扉,于是表现出了不加修饰的生命本色,这种含蓄羞涩正是人间至真至纯的情感的表现。

任务三:"画"外的《边城》

沈从文曾感叹:"你们能欣赏我文字的朴实,照例那作品背后隐伏的悲痛也忽视了。"汪曾祺也指出《边城》是一个温暖的作品,但是后面隐伏着作者很深的悲剧感。你是否有类似的阅读感受?结合本文写作背景及相关评论,思考探究,然后以《〈边城〉中的"矛盾"》为题,写一个发言提纲,在班级或者小组内交流。

《边城》的写作背景:1933年夏,沈从文偕夫人游崂山,在一条名叫"九水"的溪边,看到对岸有一个十五六岁的少女,穿一身孝服,先在岸上烧了一堆纸钱,后又从溪里拎起一桶水向来时的方向走去。看着她孤单怜弱的身影,沈从文想到了家乡小辈用河里或井里的水为去世的长辈抹洗尘垢的风俗,想到湘西一些小溪渡口人家常有的家庭格局,以及自己从湘西走出来艰苦奋斗的经历,不禁产生了写作《边城》的冲动。

他自己曾说,创作《边城》的目的,不是描绘一幅与现实隔绝的世外桃源图,而是要表现一种"优美、健康而又不悖乎人性的人生形式",并在这个人生形式里,注入自己在30多年的人生旅途中所体验到的人生哀乐。

各位名家对《边城》的评价:

汪曾祺在《读〈边城〉》中这样评价:《边城》是一个怀旧的作品,一种带着痛惜情绪的怀旧。《边城》是一个温暖的作品,但是后面隐伏着作者的很深的悲剧感。可以说,《边城》既是现实主义的,又是浪漫主义的。《边城》的生活是真实的,同时又是理想化了的,这是一种理想化了的真实。

王继志在《〈边城〉的思想和艺术真实》中这样评价:"所以他的《边城》,使人读后总在获得美的感受的同时,感到一种忧伤、悲凉和惆怅,总感到他所描绘的明丽景物和温暖人情上,笼罩着一种似雨似雾、挥赶不去的阴湿与愁苦,总隐隐地感到作者沈从文在有点强作欢笑……他同时又想担负起一个思想家的担子,想为我们的民族寻找出一条摆脱'堕落趋势'的路途,他感到力不从心,他感到痛苦,感到寂寞,感到前途的无测。"

林分份在《"隐伏"的悲痛——〈边城〉内蕴新探》中这样评价:"湘西的人生具有'人与自然契合'的一面,但也充满了'原始神秘的恐怖','野蛮与优美'交织在一起。这种处于待开发状态的原始自在的人性,不可避免的有其阴暗的一面。翠翠与傩送的悲剧,正好把这阴暗的一面暴露出来,那就是边民淳朴健康人性下潜藏着的几千年来民族心灵的痼疾——天命的迷信思想。"

王晓明在《沈从文:"乡下人"的文体与"土绅士"的理想》中这样评价:沈从文真是一个复杂的作家。在阅读他作品的过程中,我接连不断地获得各种彼此矛盾的印象。《边城》就是一个虚幻的经验,是作者感受到的世界,他所要表现的有小说家个人的情感幻梦的破灭,还有作为文人的他对精神家园的追索。它给人的不是悲伤,而是希望。

学生的《〈边城〉中的"矛盾"》发言提纲示例:

1. 围绕亲情与爱情展开的矛盾。

①天保和傩送两兄弟的亲情与两人对翠翠的爱情之间的矛盾。

②翠翠与祖父的亲情与翠翠对傩送的爱情之间的矛盾。

2. 良善的性格与悲剧的命运之间的矛盾。

3. 作者的渴望与哀伤之间的矛盾。

4. 建构的湘西理想与被现实解构的边城想象。

四、课堂总结

在第二单元的单元演习任务的指导下,我们对《边城》这篇课文的解读重点放在作者沈从文关注中国普通民众的生活和精神世界,理解作品感时忧国的思想倾向。沈从文追求的是一种"优美,健康,自然,而又不悖乎人性的人生形式",通过翠翠等艺术典型来表现一种理想的人生形式,试图为民族魂的重铸找到一种理想的路径,他关注的是国民灵魂的正面。"神圣伟大的悲哀不一定有一摊血一把眼泪,一个聪明作家写人类痛苦或许是用微笑表现的。"于是沈从文用极美的文笔写下了一个极大的悲哀。学生在深入探究"《边城》表象上的温暖与背后隐伏着的悲痛"这个矛盾的同时,也提高了自己理性思考的能力,并形成自己的有见地的思想。

(梁芳芳)

消逝之美　诗意之怀

——《大堰河——我的保姆》《再别康桥》联读

一、学习目标

1. 明确"人·城"的个体意义。

2. 理解"人·城"的群体意义。

3. 探究"人·城"的诗意表达。

二、课堂导入

生命中有很多的美好,有时是一处景,或一个物,有时是一个人,或一座城。当生命的这些美好消逝的时候,我们该以怎样的形式来纪念呢? 在以"消逝之美,诗意之怀"为主题的沙龙活动中,作为嘉宾的你需要完成以下三个任务。

三、具体任务

任务一:探秘"人·城"的个体意义

沙龙研讨一:大堰河是怎样的一个"人",让艾青如此深情怀念? 徐志摩曾三次写康桥,那么这是怎样的一座"城",让徐志摩如此向往眷恋? 这一"人"与一"城"有什么共性?

表1 人·城特点

	大堰河	康桥
特点	勤劳淳朴、慈爱宽厚、坚忍乐观、任劳任怨、无私博大的形象。	优美的,灵动而富有情韵,承载了作者的"梦"。
共性	大堰河是艾青在艰难岁月中的情感慰藉,康桥是徐志摩美好青春的情感寄托,这一人、一城都承载了作者美好的"梦",这是再也回不去的梦。	

1.《大堰河》形象分析:(重点品析第4、7小节)

第四节:连用"在……之后"八个排比句,每句都是一个大堰河日常生活的描述意象,而在这些时刻之后,大堰河都"用厚大的手掌把我抱在怀里,抚摸我",所以这里固然可以看出她的勤劳,但是当这一切动作最终都指向"抱我,抚摸我"这一核心时,就更能感受到的是她的慈爱,这份爱是时时刻刻渗透于每一生活场景中的,她时时给我以温暖,处处给我以爱抚。

第七节:首先是通过一系列的动作排比,体现了生活的繁重——洗衣、洗菜、切菜、做饭,此外,本节还有一组反复的手法,始终是"含着笑",生活虽然艰辛,但大堰河却甘之如饴,能感受到快乐,(同学们有多一点想法吗,除了勤劳,还能看出什么?)可见其乐观和坚忍的生活态度。(那如此繁重,大堰河为什么不觉得苦呢? 为何如此任劳任怨呢? 这源自于什么?)源自于她内心对作者的爱,当爱一个人,会觉得为她做什么都是值得的,都是幸福的,这就是母爱的无私付出! 母爱的可贵之处在于不求回报,事实上,真正的爱应该是发自内心的自然流露,并不一定是为了获得什么,给予和付出的爱能带给我们更多的欣慰。所以,苦与乐更多是人的一种主观感受,她做的每一件事都是源于爱,再苦也是欣慰的。由以上分析可知,在这一节中我们首先可以看出的是她的勤劳,再进一步还能看出她的坚忍乐观,作者赞美了她饱受苦难却与苦难和解的人生态度,而在这一切的背后,我们感受到的是大堰河对我深切的爱,这份爱在那样艰辛的日子里,尤其显得熠熠闪光! 朴实真挚,温暖绵长!

小结:大堰河就是这样一个勤劳淳朴、慈爱宽厚、坚忍乐观、任劳任怨、无私博大却命运悲苦的形象。

2.“康桥”形象分析:

康桥是优美的,灵动而富有情韵。康桥承载了作者的“梦”,见证了他美好的青春。胡适说徐志摩一生都在追求爱、自由和美,在这里结识了一生挚爱林徽因,人生的导师与挚友狄更斯和泰戈尔。

康桥是优美的,灵动而富有情韵。第二三节中选取“河畔的金柳”“波光艳影”“水草青荇”这些康桥的代表性景致,构建了诗情画意的意境,把婀娜多姿的柳条在夕阳的映照之下,比做新娘;水底的青荇在“招摇”,仿佛在向作者致意,凸显其轻盈可爱,具有灵动美;把潭水比作天上虹,还沉淀着他的梦。第六七节中可看出,康桥是清幽的。“夏虫也为我沉默”以动衬静,犹如“蝉噪林逾静,鸟鸣山更幽”。康桥承载了作者的“梦”,见证了他美好的青春。

任务二:探秘“人·城”的群体意义

沙龙研讨二:三十年代末的上海,一位著名诗人见到艾青,动情地说:“德国有莱茵河,法国有塞纳河,埃及有尼罗河……我可以骄傲地说:中国有大堰河!”徐志摩说:“我的眼是康桥教我睁的,我的求知欲是康桥给我拨动的,我的自我意识是康桥给我胚胎的。”可见,康桥之于徐志摩的意义也是非比寻常的。探究“人·城”的群体意义。

由上可见,大堰河之于艾青乃至中国的意义,都已超越了“大堰河”的生命个体,而成为一种被广泛认可的精神图腾。像大堰河这样的为爱无私付出,慈爱宽厚的特点,不只代表她个体的生命——这就是中国千千万万的母亲形象啊,她们为爱付出,无私博大,这更是中国农村广大普通劳苦大众的缩影啊,他们默默无闻、忍辱负重、任劳任怨,平凡却又伟大。

康桥是优美的,灵动而富有情韵。康桥承载了作者的“梦”,见证了他美好的青春。“挥一挥衣袖,不带走一片云彩”作者不仅在与康桥作别,也是在与美好的过去作别,表达对消逝的美好深深的依依惜别之情。这种情绪表达了人类所共有的一种情感,即对失去的美好事物总是充满深深的眷恋和怀念。徐志摩如此,艾青又何尝不是?

这就是经典的价值,具有跨越时空的永恒的意义。不仅让诗人眷恋,也让后人在回味中,时时有感动!

小结:大堰河是艾青在艰难岁月中的情感慰藉,康桥是徐志摩美好青春的情感寄托,这一人、一城都承载了作者美好的"梦",这是再也回不去的梦,尽管时光不会倒流,岁月无法回头,美好的回忆总会不可避免地消逝,但是我们还是能用诗歌将这份美好沉淀。

任务三:探寻"人·城"的诗意表达

思考:艾青和徐志摩分别用怎样诗意的形式来表达对"一人"和"一城"的追忆和怀念? 探究两首诗歌表现形式的不同。

1. 意象的选择

《大堰河——我的保姆》中描绘的场景比较生活化,选取的意象也多是生活化的,如"灶火、炭灰、酱碗、破衣、菜篮麦糟、稻草、土地、手、唇、脸颜"比较符合劳苦大众这一诗歌形象。

《再别康桥》中的意象比较具有诗意化(景物化),如"河畔金柳、青荇水草、潭水清泉、斑斓星辉、夏虫、笙箫",非常富有诗情画意。

2. 意象的表达

《大堰河——我的保姆》是通过细腻的描绘,来丰富意象的含义和蕴含的情感。如"洗着 / 我们的 / 衣服,提着菜篮到 / 村边的 / 结冰的 / 池塘去。切着 / 冰屑悉索的 / 萝卜,用手掏着 / 猪吃的 / 麦糟,扇着 / 炖肉的 / 炉子的 / 火"。

《再别康桥》更多是通过想象的方式形成比喻性的意象,从而构建画面和传递情感。如"那河畔的金柳,是夕阳中的新娘。那榆荫下的一潭,不是清泉,是天上虹。"

3. 诗歌的形式

《大堰河——我的保姆》语言偏散文化,把自由体诗推向新的历史高度。形式上比较自由,不拘泥于外形的束缚,很少注意诗句的韵脚或字数、行数的划一,全诗十三节,少则4行一节,多则16行一节;少则每行2字,多则每行22个字。但在形式上又运用有规律的排比、复沓造成变化中的统一、参差中的和谐。即在奔放与约束之间取得协调,在参差与变化里取得一致,

《再别康桥》体现了以徐志摩为代表的新月派诗体,借鉴西方诗歌形式,融入了中国传统格律,可以称为新格律诗。新月派提倡"三美"的主张。

①音乐美。每节押韵,逐节换韵。韵脚:来、彩;娘、漾;摇、草;虹、梦;溯、歌;箫、桥;来、彩。有一种音乐的旋律美。节奏鲜明,旋律和谐。抑扬顿挫,朗朗上口。

②建筑美。每节4句,错落有致(单双行错开一个字排列),字数相近,于参差变化中见整齐。

③绘画美。诗中意象形成了一幅诗情画意的画面。用词讲究色彩运用和搭配,如"云彩""金柳""艳影""青荇""彩虹""斑斓"等词语充满色彩感,诗的每一节几乎都可看作是一幅色彩鲜明的图画。

四、课堂总结

这节课在以"消逝之美,诗意之怀"为主题的沙龙活动中,作为嘉宾分别探秘了"人·城"的个体意义、群体意义和诗意表达。两位诗人以不同的风格,真情书写自己心中珍藏的那份美好。虽然诗风不同,但却使这一人、一城成为文学经典中的永恒。

(马星星)

灵魂里的风物

——《一个消逝了的山村》《秦腔》联读

一、学习目标

1. 了解《一个消逝了的山村》《秦腔》的创作背景；

2. 联读两篇散文，通过语言品评，感受风物、灵魂、人生的相互作用；

3. 增强对文化的传承与理解。

二、课堂导入

课前我们阅读了冯至《山水·后记》《有加利树》《鼠麴草》，贾平凹《秦腔》原文中被删减的第1、2段，还有《一个消逝了的山村》《秦腔》的创作背景，观看谭维维《华阴老腔一声喊》视频，大家是否感受到不同的风物特点以及所体现出的人的精神。

三、具体任务

1. 情境任务——为我们东阳制作家乡名片。

要求：呈现出三乡大地的某一风物及对你的滋养。

2. 交流活动：研习文章，初谈感受。

3. 学习活动一：聚焦风物，收获感性的感动、知性的深度。

表1 风物特点

文本	风物	特点
《一个消逝了的山村》	小溪	清冽、养人
	鼠麹草	谦虚、纯洁、坚强
	彩菌	点缀、滋养
	有加利树	速长、最高
	野狗的嗥叫	威胁、吓人
	麂子的嘶声	难逃人的诡计
《秦腔》	秦地	空旷平坦、厚重实在
	秦人	"二楞"粗犷、朴实豪放
	秦腔	高亢激昂、沧桑悲凉

梳理文本中涉及的风物。

作者说,这一切,给我的生命许多滋养。

(1)请以"透过_____(风物),我看到_____的生命。"来阐释自己的理解。

表2 生命滋养

文本	风物	特点	生命	灵魂
《一个消逝了的山村》	小溪	清冽、养人	声息相通	生命相通,人是自然的一部分
	鼠麹草	谦虚、纯洁、坚强	安静、高贵	
	彩菌	点缀、滋养	欢乐、想象	
	有加利树	速长、最高	崇高、庄严	
	野狗的嗥叫	威胁、吓人	生命的残酷、竞争	
	麂子的嘶声	难逃人的诡计	生命的算计	

文本	风物	特点	生命	灵魂
《秦腔》	秦地	空旷平坦、厚重实在	贫瘠的大地	地域、文化、生活相互影响，滋养、成就生命
	秦人	"二楞"粗犷、朴实豪放	大苦大乐	
	秦腔	高亢激昂、沧桑悲凉	抚慰人心	

4. 学习活动二：探究文本，学习"说话"的方法

两篇散文如何达到感性的感动与知性的深度的统一？

表3　散文基本要素表

概括	基本要素
抒情化的风物描绘	选取触动心灵的风物
	语言方面（质朴自然/活泼浓烈）
	构思方面
	情景交融，风物中有"我"，文中有真情
生命体悟	文化元素融入/有哲理性思考
	……

5. 学习活动三：回望自身，致敬滋养我的风物

结合东阳风物（美食如上卢羊肉、南马肉饼等，木雕、红木、八面山、东白山、东阳江等），参照《散文要素表》，展开联想，在名片卡上写就一份"家乡名片"（80字左右）。

范例：

家乡名片

祖先的智慧，家族的秘密，母亲的心觉，孩子的领悟，美味的每一个瞬间，无不用心创造，代代传承。东阳博士菜，其香味在梅干菜与肥瘦肉之间

氤氲,诉说着一个学子寻求人生进阶的秘密。

四、课堂总结

选择性必修下册第二单元的单元研习任务指导我们,要结合特定的社会历史背景,理解作品的思想文化内涵,探索其中蕴含的民族心理和时代精神,了解百年来人们社会生活和情感世界变动的轨迹。《一个消逝了的山村》富有哲思之美,在淡淡的文字中蕴含着深深的哲思;《秦腔》富有浓烈的生活气息,在风俗人情中展现着厚重的文化意蕴。学生在不断探究、研习文本过程中,会更深入思考人生、自然、历史,理解风物对我们灵魂的滋养,进而生发出生命中每一个人、每一寸土地都值得致敬与感恩之情。

（厉晶晶）

台词唱悲歌

——基于任务群的教学探索

一、学习目标

1. 在矛盾冲突中分析人物的形象特点。

2. 品味人物语言的个性化特点和言外之意。

3. 学以致用,透过人物的台词去理解人物的性格形象命运。

二、课堂导入

《茶馆》是20世纪中国戏剧的经典之作。全剧分三幕,分别截取了旧中国三个时代的横断面,描绘了半封建半殖民地的黑暗社会现状。课文选取的是该剧第一幕。正如作者所说:"茶馆是三教九流会面之处,可以容纳各式人物。一个大茶馆,就是一个小社会。"而人物的个性特征大都是通过个性化语言体现的。这节课我们共同透过人物的台词去理解人物的性格形象命运。

三、具体任务

任务一:看冲突,悟时代

1. 既然秦仲义与常四爷对社会现状的认识一致,那二人的冲突又说明什么呢?

明确:二人是在救国的方向、路线和目标上有分歧,思想矛盾。在秦仲义看来,常四爷的施善举动是治标不治本的无谓行为,没有见识。在常四爷的眼中,像秦仲义这样的实业家虽有雄心但却不免冷血,理想太大而不切实际。

2."秦庞斗嘴"让一直噤若寒蝉的茶客忍不住谈起国事来,在"茶客议论"的四人对话里,反映了怎样的社会现状呢?

明确:这里的茶客群像不容忽视,他们胆小怯懦,冷血无情,无聊乏味,苟且偷生,对为之奋斗的变法者不仅不同情,反而误解尤深,甚至不认识也不了解他们的主张,以为他们是乱打乱闹捣鬼,扰乱他们的生活秩序,这也侧面反映了戊戌变法失败的原因,即脱离群众。他们目光短浅,只在乎眼前的利益,懒惰颓废,只要铁杆庄稼保住,哪怕被克扣一大半也不愿反抗,更不愿奋斗,奉行"好死不如赖活着"的寄生哲学,认为维新派主张"自谋生计"是心眼狠毒的表现,所以变法革命是无法唤醒这帮愚昧麻木、自私颓丧的群众的,这群没有同情心又胆小懦弱的人不仅无法救国,反而会蛀空清朝,而大清国的覆亡也就是必然的了。

总结:这些人物之间较为尖锐的,直接的,针锋相对的冲突很少,但这并不代表这部剧作中的人物冲突不合格,没有表现力,没有寓意。恰恰相反,主人公们用强烈的戏剧动作来直观表现戏剧冲突。

任务二:品语言,析形象

(一)王利发

1. 对不同人采取不同态度。

(1)对难民、李三等人:"别耽误功夫!""咱们的事,有工夫再研究!"

对难民强硬、冷漠,对李三虽同情,却有限度,表现他自私。

(2)对大兵、警察、特务:"您圣明。""你多给美言几句,我感恩不尽!""老总们在对不起,还没开张,要不然,诸位住在这儿,一定欢迎!""您甭看,准保都是靠得住的人!"

对他们的态度则是讨好,巧应付,怕得罪。表现王利发的圆滑世故。

(3)对唐铁嘴之流:"你混得不错呀! 穿上绸子啦!""可是,我这儿已经住满了人,什么时候有了空房,我准给你留着!"

对唐铁嘴厌恶仍笑脸相迎,表现王利发的精于处世。

2.善于经营,不断改良。

"all right?""yes,也有这么一说!"

体现王利发言语上的改良。

"西直门的德泰,……全先后脚儿关了门,只有咱们裕泰还开着,……"

"大茶馆全关了,就是你有心路,能随机应变地改良!"

通过王淑芬和常四爷之口表现王利发善于改良,是茶馆业中的佼佼者。

3. 对现实不满,含蓄表达。

"这年月还值得感谢!""有不打仗的新闻没有?"

表现王利发的胆小怕事。

总结:王利发是裕泰茶馆的掌柜,也是贯穿全剧的人物。他从父亲手里继承了裕泰茶馆,也继承了他的处世哲学,即多说好话,多作揖。他胆小、自私,又精明、干练、善于应酬,对不同的人采取不同的态度。

(二)常四爷

"我卖菜呢! 自食其力,不含糊! ……听说你明天开张,也许用得着,特意给你送来了!"表现常四爷的自食其力,乐于助人。

"什么时候洋人敢再动兵,我姓常的还准备跟他们打打呢! ……"表现常四爷的爱国、敢作敢为。

"要是洋人给饭吃呢?""盼着你们快快升官发财!"表现常四爷的正直、倔强。

总结:旗人。正直,爱国;倔强,敢作敢为;自食其力,乐于助人。

(三)松二爷

"看见我这身衣裳没有? 我还像个人吗?""可是到了民国,我挨了饿!""我饿着,也不能叫鸟儿饿着!"表现松二爷的游手好闲、懒散无能,不愿自食其力。

"我看见您两位的灰大褂,就想起前清的事儿! 不能不请安!""你说得对! 嗻! 四爷,走吧!"表现松二爷的胆小怕事。

总结:旗人。胆小怕事,懒散无能,游手好闲,喝茶玩鸟,不愿自食其力。最终饿死。

（四）秦二爷

（老气横秋地）"完不完，并不在乎有人给穷人们一碗面吃没有。"

"那才救得了穷人，那才能抵制外货，那才能救国！"（对王利发说而眼看着常四爷）"唉，我跟你说这些干什么，你不懂！"

总结：民族资本家。一心实业救国，最终破产。

（五）刘麻子

刘麻子："咱们大清国有的是金山银山，永远花不完！"

刘麻子先开口："说说吧，十两银子行不行？你说干脆的！我忙，没工夫专伺候你！"

总结：靠说媒拉纤、拐卖人口挣钱的地痞无赖。

（六）唐铁嘴

"我感谢这个年月！""大英帝国的烟，日本的'白面儿'，两大强国侍候着我一个人，这点福气还小吗？"算命看相的江湖骗子。无耻。

（七）宋恩子、吴祥子。

1. "王掌柜不愿意咱们看，王掌柜必会给咱们想办法！咱们得给王掌柜留点面子！""对啦！坐下谈谈吧！你们是要命呢？还是要现大洋？""别动！君子一言：把现大洋分给我们一半，保你们俩没事！咱们是自己人！"

2. "有皇上的时候，我们给皇上效力，有袁大总统的时候，我们给袁大总统效力……""谁给饭吃，咱们给谁效力！"

宋、吴二人的贪婪、蛮横、霸道。有奶便是娘的走狗。

任务三：局限性，叹悲歌

夏丏尊曾说："不论英雄豪杰，都逃不了境遇和时代的支配。"诚如斯言，《茶馆》中众多人物也都处于时代巨轮的碾压之下。

王利发：尽管善于应酬，善于经营，不断改良，却无法抵御各种反动势力的欺压。他对此也抱有强烈的不满，但表达得十分含蓄。最终仍然没能逃脱破产的命运。王利发的悲剧，是旧中国广大市民生活命运的真实写照。

常四爷：他代表着清末中下阶级的爱国者，空有热血而无力施展，最终只得悲戚地接受现实，或被极端保守的封建统治者消灭。

秦二爷：封建主义和官僚主义如同三座大山压迫着国家经济形势，具有

台词唱悲歌

两面性的民族资本家必然要败下阵来。他这样的人物形象也是一个阶级的缩影。

总结:《茶馆》中的人物怀着不同的信条与生活斗争,却无一例外地陷入时代的悲剧,倒在黎明前最黑暗的夜,也许就是茶馆人物的悲剧的深刻之处吧。

四、课堂总结

作者老舍说"语言很重要,是文学创作中最有艺术性的部分。语言不只是交代情节用的,而要看是什么人说的,为什么说的,在什么环境中说的,怎么说的。"这节课,我们一起透过台词分析《茶馆》人物百像,不仅能体会到老舍独特的语言魅力,更能感知到小人物背后暗涌的时代沉浮。

(谈 艳)

文辞恳切　言为心声

——《陈情表》学习任务群设计

一、教学目标

1. 积累本文的重点文言基础知识。

2. 学习作者的陈情艺术,深刻理解李密的"忠"和"孝"。

3. 体会作者感人至深的亲情,培养学生的"孝心"。

二、课堂导入

小丁同学在高一的时候担任某班班长并且做得很出色。到了高二"七选三"后的新班级,新班主任王老师想继续任命她为高二现任班级的班长。小丁因为想专攻学业,也对班长职务产生了厌倦,不想继续担任,于是她写了一段简短的话给老师,表达自己的想法,内容是这样的:

王老师,我不想当班长了。一、当班长太烦了,一堆琐事,我已经厌倦了;二、我想认真学习,当班长会占用我很多时间,对我的学习产生影响。所以,我不想当了,麻烦您另找他人吧!

你觉得小丁的这段话能说服王老师吗?请大家各抒己见,谈谈自己的看法。今天,让我们一起走进历史,学习李密的《陈情表》,学习古人高超的语言艺术。

三、具体任务

(一)"陈情者"知多少

1. 关于陈情者李密,你知道多少?

对于祖母来说,他是孝孙。

对于前朝来说,他是尚书郎。

对于晋武帝来说,他是亡国奴(今臣亡国贱俘)。

2. 对于这样一个"亡国奴",晋武帝是如何对待他的?

察 举 拜 除 (四次征召,无上光荣)

3. 面对晋武帝如此的"深情"厚待,李密如何抉择?

辞不赴命 辞不就职

4. 李密陈情会成功吗?

"被陈情者"知多少?

"被陈情者"晋武帝:新晋皇帝,司马后人。

(二)如何"陈情"

事实证明,李密陈情,晋武帝同意了,并多加赏赐——

《晋书.李密传》:……乃停召。

活动1:晋武帝读完李密的《陈情表》之后,赞其"士之有名,不虚然哉"。由此可见李密的陈情技巧。请你结合文本,从陈情内容、技巧等角度来领略其高超的陈情艺术。(请各小组根据表格任务进行讨论,时间为2分钟)

李密是如何打动晋武帝的?

表1 陈情分析

段落	陈情内容	陈情技巧
第一段		
第二段		
第三段		
第四段		

明确：

表2　陈情分析示例

段落	陈情内容	陈情技巧
第一段	诉悲苦	装可怜,博同情
第二段	表两难	陷困境,表真实
第三段	举孝理	示本心,消疑虑
第四段	示忠情	提方案,表忠心

1.请同学们在文中任选一段,找出这段中你认为最打动人的句子,谈谈你的理解。

示例一:乌鸟私情,愿乞终养——情理兼具。连乌鸦这个动物都知道要孝顺老乌鸦,更何况是作为万物之灵长的人类呢,你晋武帝如果不同意岂不是(禽兽不如)?

示例二:臣之辛苦……实所共鉴——表悲苦的"孝"情,长官、普通百姓、天地共鉴,你皇上怎么会看不见,何况在天地之间,人是最渺小的……况且如果皇上同意,可谓既赢得我的忠心,也收服百姓的心和蜀国旧臣的心!

示例三:臣密今年四十有四……报刘之日短也。——用事实说话,对祖母的尽孝已没几年,但是对您效忠的时间还很长呢! 表忠情,也表孝情! 这种生意,划得来!

示例四:臣生当陨首,死当结草——抒发赤诚的忠心。我活着会杀身捐躯,死了也要结草报恩,总之,我这一辈子都为你尽忠! 如此生意,晋武帝怎能不同意!

示例五:臣无祖母,……是以区区不能废远。——孝情。人与人之间的情感是相互的。祖母对我有养育之恩,我也要报答祖母。

预设疑点一:要报恩有没有别的方法? 带着祖母去上任? 自己去上任,请个丫鬟伺候? 别的亲戚不能照顾吗? ——那是怎样的祖孙情才让他不能远离祖母?

明确：（1）"父母在，不远游"，更何况带着朝不虑夕的祖母，况且老人都有"落叶归根"之意。

（2）让别人照顾祖母，于心不安，因为祖母对他的"再造之恩"（从第一段"苦情""相依为命的祖孙情"可以看出）。

（3）既无叔伯……之僮。说明家里人丁稀少，更别说可亲近帮忙照顾老弱病残的祖母啦！

示例六：第一段——"苦情"。刚出生，父亲去世，四岁时，母亲改嫁没有带走我，六十一（从后文算出，"人生七十古来稀"，那时的六十一岁是怎样的一种概念？）的早年被疾病缠绕的祖母没有抛弃从小孱弱（九岁不行）的我，反而躬亲抚养！脑海里就出现了这样一幅画面：一个孤苦伶仃、体弱多病的九岁孩童，一个门庭衰微、自力更生的六十一岁的年迈祖母，祖孙二人相依为命。祖母牵肠挂肚于孙儿每一次的蹒跚走路，焦灼于每一次的孙儿病情。缕缕黑发为孙儿尽白，矫健的步履为孙儿蹒跚。落日余晖中，祖孙二人互相支撑，留下一行或深或浅但却始终不离不弃的脚印。

预设疑点二：孟子说，恻隐之心，人皆有之。如此特殊的祖孙情，如此悲苦的李密，我们都为之感动不已，那晋武帝呢，他是不是也被李密的悲苦的"祖孙情"打动呢？

有同学认为这是一位善良的、有恻隐之心的晋武帝？

也有同学认为虽然晋武帝眼前是"悲苦"的李密，但他的远处更是百废待兴的晋朝江山。更何况他是以"阴险多疑"著称的司马家族之一。所以李密还要用别的方法来实现自己的意图。

示例七：伏惟圣朝以孝治天下……不矜名节。

——举出"孝"这面大旗，让晋武帝无话可说（如果他反对，就是自己打自己嘴巴），然后他为了打消晋武帝的疑虑，再次表示"忠心"，让他欣然同意。

（此环节，学生的欣赏动人语句的顺序可乱，但孝情、忠情、孝理缺一不可）

小结：在恰当的时机，用恰当的形式与恰当的人用最合适的方式抒发的情感，就是最好的方式。李密正是用了这样合适的方式让新晋皇帝答应了他的请求,还获得了额外的赏赐,足见李密陈情的艺术。

三、传承"孝"

从李密的复杂情感中,你最受启发是哪一种?

孝,善事父母者。——《说文》

从"孝"的金文形式来看,孝字的上面是须发苍苍、伛偻着腰的老人,下面是一个托举着手的小孩。老者对幼儿的照料庇护和孩子对长者的支撑,告诉同学们"人"要学会反哺。

"孝 效 笑"同音,希望同学学了这篇文章之后,效仿李密的孝情,用自己的小小行动为父母献上一份微薄之力,让他们欢笑! 请大家模仿李密的陈情技巧,帮忙修改小丁同学的"陈情",使之合情合理。

四、课堂总结

恰到好处的情感最是令人动容。我们感动于李密的"孝",也理解他对晋武帝的"忠"。今时今日,希望同学们在遇到两难之境时也能学会用恰当地表"情"、适切地达"意"!

(许莎莎)

事细而情深

——《项脊轩志》学习任务群设计

一、学习目标

1. 学习作者善于选取富于特征意义的细节来表达深挚的感情的技巧。

2. 品味文章在记叙中蕴含的款款深情,笔墨清淡而情意动人的特色。

二、课堂导入

同学们,清代散文家梅曾亮这样评价《项脊轩志》:借一阁以寄三世之遗迹。作者归有光借一间屋子,用以记录几世人的生活轨迹,珍藏美好的回忆和无限的深情。今天就让我们一起走进项脊轩,去体会作者寄托的情思。

三、任务设计

任务一:品读记物——"一间书房"

1. 本文围绕"项脊轩"写了哪些内容?

明确:

一间老屋:项脊轩

两种情感:喜、悲

三个亲人:先妣,先大母,亡妻

四件琐事:诸父异爨、老妪忆母、追忆大母、回忆亡妻

2. 这是怎样的"一间书房"？修葺前后有何变化？请同学们完成下面的表格。

表1 修葺前后变化

比较内容	修葺前		修葺后		结论
对比探究	室仅方丈，可容一人居。每移案，顾视无可置者。	狭小	稍为修葺，使不上漏。	不漏	多可喜
	百年老屋，尘泥渗漉，雨泽下注。	破漏	前辟四窗，垣墙周庭，日影反照，室始洞然。	明亮	
	又北向，不能得日，日过午已昏。	阴暗	杂植兰桂，庭阶寂寂，明月半墙，桂影斑驳	典雅	

3. 根据第一段，说说在这样的轩中，表现了作者怎样的志趣？

例："杂植兰桂竹木于庭"

古人以兰桂喻美德，以竹喻志节，文中借此表明作者品格高洁、志趣高雅。

"借书满架，偃仰啸歌，冥然兀坐"

通过写书房外部环境，更写出轩中幽静气氛，表达了作者的读书之乐，以及对项脊轩的喜爱、眷恋之情。

任务二：品味深情——"三位亲人"

这间小屋，留下了作者读书轩中的美好生活回忆，同时也留存了三代人情感印记，根据文本品读人物有关细节，想象先妣、老妪、大母、妻子的动人场景，分析三位亲人的形象并完成表格。

表2 人物形象分析

人物	细节	人物形象
母亲	娘以指叩门扉中的叩门动作	让老妪听见，又不致惊扰了孩儿，表现温柔慈爱

事细而情深

163

续表

人物	细节	人物形象
母亲	在他人的转述中回忆母亲	对母亲的思念以及渴求母爱而不得的痛苦
	"儿寒乎？欲食乎？"	简短的句子表达的是母亲温柔而急切的情感
大母	"何竟日默默在此，大类女郎也？"	充满了对孙儿的怜爱
	"以手阖门"后的自语"吾家读书久不效，儿之成，则可待乎！"	对孙儿考取功名的期待
	"此吾祖太常公宣德间执此以朝，他日汝当用之。"	祖母的信任和鼓励
妻子	"时至轩中"	妻子殷勤探看的娉婷身影
	"从余问古事，或凭几学书"	展现出一幅红袖添香的伉俪情深
	小妹语"闻姊家有阁子，且何谓阁子也？"	妻子经常向姐妹们讲述她和归有光在项脊轩中读书、生活的情形
	亭亭如盖的枇杷树	物是人非，还未实现妻子对自己功名的期许

任务三：品读细节，写下赏析

文章所写不过是一间小屋，所记无非是一些身边琐事和日常话语，却饱含深情。文中有一些细节，用语平淡而情感浓厚，阅读时要注意领会其中的妙处。

"震川之述老妪语，至琐细，至无关紧要，然自幼失母之儿读之，匪不流涕矣。"

——林纾

予读震川文为女妇者，一往深情，每以一二细事见之，使人欲涕。盖古今事无巨细，惟此可歌可泣之精神，长留天壤。

——黄宗羲

活动：品读细节，写下赏析，并与同学交流分享。

示例：

1."其后六年，吾妻死，室坏不修。其后二年，余久卧病无聊，乃使人复葺南阁子，其制稍异于前。然自后余多在外，不常居。"

"室坏不修"，妻子离世，再无心情去修缮小轩，含蓄地写出了内心的忧伤。"物是人非事事休，欲语泪先流"，对着留有昔日欢乐印记的地方，即使是熟悉的房子也是陌生的。

2. 吾妻归宁，述诸小妹语曰："闻姊家有阁子，且何谓阁子也？"

文中没有"相亲相爱"或"相敬如宾"之类的字眼，但夫妻情深可见一斑。小小的轩中不时传出夫妻幸福的欢声笑语，妻子转述小妹们的话说明其在娘家时常提起与丈夫在一起的幸福生活，其妻温婉动人的美好形象历历在目，夫妻间的浓厚深情在归有光的内心深处留下了深刻的印象。

四、课堂总结

《项脊轩志》全文以作者青年时代朝夕所居的书斋项脊轩为经，以几代人的人事变迁为纬，借一轩以记三代之遗迹，真切地再现了祖母、母亲、妻子的音容笑貌，表达了作者对三位已故亲人的深沉怀念。作者抓住生活中的琐事，运用细节描写，把对亲人的深切怀念融入字里行间，真挚动人，体现了"事细而情深"的特点。

（杜雪腾）

事细而情深

掀开"乐""痛""悲"的心绪面纱

——《兰亭集序》学习任务群设计

一、教学目标

1. 探究王羲之"乐""痛""悲"的深层原因。

2. 感受王羲之对生和死的深刻思考,体会王羲之积极进取的生命观。

二、课堂导入

东晋是一个动荡不安的时代,政治严酷,社会混乱黑暗,"天下名士,少有全者",他们崇尚老庄,大谈玄理,思想虚无,追求清静无为的自由生活,然而王羲之却在《兰亭集序》一文中强调了"死生亦大矣",为何发出这样的声音? 通过课前预习,同学们已经划出了接下来我们围绕着体现王羲之情感脉络的三处关键句"信可乐也。""岂不痛哉!""悲夫!"完成以下三个任务,一起来探究王羲之的心绪密码。

三、具体任务:

任务一:为何而"乐"?

1. 良辰:"暮春之初""天朗气清,惠风和畅"

暮春,指的是农历三月,这个时节,既无冬天刺骨的寒意,也无夏天灼人的炙热,《论语》里《子路、曾皙、冉有、公西华侍坐》一文中也提到了这词,"莫春者,春服既成,冠者五六人,童子六七人,浴乎沂,风乎舞雩,咏而归。"那是一幅宁静自在的理想社会图景,王羲之一行人也在"暮春"这个好时节举办了此次兰亭集会。

2. 美景:"会稽山阴之兰亭""崇山峻岭、茂林修竹、清流激湍、映带左右"

明朝的《万历绍兴府志》记载"兰渚山有草焉,长叶白花,花有国馨,其名曰兰,勾践所树",这可说明此地兰花遍布,馨香雅致,且竹林茂盛,溪水清澈,环境清幽,万物各得其自然,展现灵动和谐之美。

3. 乐事:"修禊事也。""群贤毕至,少长咸集。""引以为流觞曲水,列坐其次。""一觞一咏,亦足以畅叙幽情。"

结合注释了解到"修禊"是古代一种民俗,在农历三月三到水边嬉戏,以祓除不祥,这是一件消灾祈福的吉利之事;"咸"是"都"的意思,无论老少,贤才们齐聚于兰亭,这里的贤才有王羲之的亲人,也有他的朋友,志同道合,这是一件和美之事;"觞"意为酒杯,把盛酒的杯浮在水面从上游放出,循曲水而下,流到谁的面前,谁就取来饮用,大家吟诗喝酒,抒发高雅的情思,这是一件欢乐之事。

4. 赏心:"仰观宇宙之大,俯察品类之盛,所以游目骋怀,足以极视听之娱。"

在良辰美景和雅趣之事中,不仅看到了宇宙的浩大,万物的繁盛,视听之娱还获得极大的满足,物我两忘,天人合一。

小结:良辰美景,赏心乐事,四美兼具,此次兰亭集会是一件多么令人喜悦的活动,但在第三段中王羲之却流露出悲痛之情,这是为何?

任务二:因何而"痛"?

自然山水之乐和吟诗喝酒之乐却引发了王羲之的痛苦惆怅,探究"岂不痛哉!"的具体原因。

1. 时光短暂,光阴虚度:"夫人之相与,俯仰一世。或取诸怀抱,悟言一室之内;或因寄所托,放浪形骸之外。"

人与人相互交往,很快就度过一生,他们是怎么度过的? 有的人在一室之内畅谈胸怀抱负,有的人把自己的情怀寄托在爱好的事物上,前者大多表现为空谈玄理,后者表现为寄情于药、酒、山和水,在当时的东晋年代,这是士人摆脱人生困境的两种主要方式,却不知光阴在此之中悄无声息地流逝,对王羲之而言,人生短促,光阴虚度实为一痛。

2. 欲望难消,美好易逝:"当其欣于所遇,暂得于己,快然自足,不知老之将至;及其所之既倦,情随事迁,感慨系之矣。向之所欣,俯仰之间,已为陈迹。"

无论是哪种生活态度,都有相似的特点,享乐的欲望永无止境,不断地追求满足而又不断地厌倦,喜欢的东西转瞬间成为旧迹,陶醉于一时的满足,沉迷于短暂的快乐,察觉不到老之将至,看不到享乐背后的生命之痛,王羲之为这种贪图享乐、喜新厌旧、荒废光阴的放纵生活而哀痛。

3. 世事无常,生死难测:"况修短随化,终期于尽!"

"化"是"自然"的意思,人的寿命长短,听凭自然造化,最后都归结于消灭,个体渺小、脆弱,充满了无力感,王羲之清醒地感知到生命必将走向消亡的宿命感,理性地看到了生命的局限性和人生的不可控,这是王羲之对人生无常、生命终将消逝的痛惜。

小结:以上三痛都建立在一个基础上,那就是"死生亦大矣。"在此映衬之下,反观"光阴虚度、美好易逝、生死难测"这三者,不得不令人心生悲痛之情,但能一直沉浸在悲痛之中吗?王羲之在"悲"之中找到了超越之路,完成任务三,感受王羲之的生命观。

任务三:"悲"从何来?

1. 情感的相通性。"每览昔人兴感之由,若合一契。"

"契",即"符契",王羲之所发感慨的原因和古人是一样的,古往今来,不少文人墨客对时光易逝、人生短暂发出了深沉的喟叹,孔子说:"逝者如斯夫,不舍昼夜。"屈原说:"汨余若将不及兮,恐年岁之不吾与。"曹操说:"对酒当歌,人生几何? 譬如朝露,去日苦多。"王羲之感慨道:"夫人之相与,俯仰一世。"由此看来,对人生苦短的悲痛是每个时代不同文人共同的心声,兴感之由,若合一契,情感具有相通性。

2. 生命的重要性。"固知一死生为虚诞,齐彭殇为妄作。"

"一",即"把……看作一样","齐"即"把……看作相等",活着和死去是人生的大事,二者不可等量齐观,而当下的士人们热衷于人谈玄悟道,寄情山水,思想虚无,行为放纵,把生死看作一样,这是王羲之所不认可的,他旗帜鲜明地否定了老庄"一死生,齐彭殇"的虚无主义,生命短暂,世事难料,怎么可以贪图享乐、放浪形骸、虚度光阴呢?"人固有一死,或重于泰山,或轻于鸿毛",人的生命长度无法改变,但可以通过个体的"有为"拓宽生命的厚度,重视生命的存在意义,实现个人理想抱负,展现生命的价值。

3. 历史的相似性。"后之视今,亦犹今之视昔""后之览者,亦将有感于斯文。"

王羲之看到了自己与先贤的联系,在某种程度上他们对生命的体验相同,感受一致,那么后人看到所写的这篇《兰亭集序》,看到他们所作的诗篇,也能产生共情,觉醒生命意识,对人生有所思考。纵使时代更替,斗转星移,触发人们情怀的原因却是一样的,这种历史的相似性,能够突破时间所带来的局限性,体现一种永恒的价值,进而消解生命的虚无。《左传》有言:"太上有立德,其次有立功,其次有立言,虽久不废,此之谓不朽。"王羲之关注到著文的意义,在《兰亭诗六首》其六中也说道"言立同不朽",所以"列叙时人,录其所述",希望能够启示后世之人珍惜光阴,有所作为。

小结:这里的"悲",是一种悲叹,是一种感慨,这种悲叹并不是颓废消极的,而蕴藏着王羲之对生命的深刻的思考,暗含着王羲之对人生的追求和热爱,他感悟到了情感的相通性,生命的重要性,历史的相似性以及文章魅力的永恒性,王羲之在这种悲叹感慨之中找到了自我超脱之路。

四、课堂总结

《兰亭集序》一文中的情感脉络是"乐""痛""悲",通过王羲之这三种心绪活动,我们看到了兰亭之美,集会之乐,生命之思,感受到了王羲之对生命的敬畏之情和积极处世的人生态度,那么我们该如何面对自己的人生,课后写下你的思考。

(朱飞英)

掀开『乐』『痛』『悲』的心绪面纱

辞与传:陶渊明人生的三重言语表达

——《五柳先生传(节选)》《归去来兮辞(并序)》联读

一、学习目标

1. 比较辞和传,了解《五柳先生传》里的生活化表达和《归去来兮辞》中归去田园之后自由畅快心情的诗意化表达。

2. 探究陶渊明在《五柳先生传》《归去来兮辞》中用哲学化表达流露出的生命意识。

3. 了解传偏于写实,辞偏于抒情的文体特点。

二、课堂导入

前天晚上是农历十五,月亮这个话题冲上了热搜。我的朋友圈好多人都在发月亮。我截取了三位朋友的朋友圈文案,大家可以猜猜,分别是谁发的么?

今晚月亮好圆啊!——华中理科男——直白,生活化的表达

吹灭读书灯,一身都是月——文艺女青年——诗意化的表达

一个能够升起月亮的身体,必然驼住了无数的日落。——柏拉图再世——哲学化的表达

【设计意图】通过三个朋友圈文案的分析,初步感知言语表达日常、诗意、哲理的三重境界。

同一个月亮在三个人笔下会有三种不同的表达,那么同一个人的笔下是否可以拥有三种不同的表达呢?今天这堂课,我们一起探究陶渊明人生的三重言语表达。

三、具体任务:

任务一:比较与鉴赏——"传"的生活化表达和"辞"的诗意化表达

(一)阅读《五柳先生传(节选)》和《归去来兮辞(并序)》正文部分,找出"传"和"辞"中有关"酒、植物、住所"的句子。

表1 "传""辞"比较

	传	辞
酒	性嗜酒,家贫不能常得	
植物	宅边有五柳树	
住所		门虽设而常关

【明确】

表2 "传""辞"比较示例

	传	辞
酒	性嗜酒,家贫不能常得	有酒盈樽
植物	宅边有五柳树	松菊犹存、抚孤松而盘桓
住所	环堵萧然、不蔽风日	门虽设而常关

这些描写好像在内容上相关,但完全一样吗?从中你可以看出传和辞存在什么差异?

【明确】

《归去来兮辞》里的___有酒盈樽___不一定是真的有酒,而是指<u>心中</u>

有酒,抒发归园田之后内心的愉悦。

顺着这个思路,那么下面是不是也一样呢?

填空:

《归去来兮辞》里的__三径就荒,松菊犹存__不一定是真的__有松菊__,而是指_____,抒发_____。

《归去来兮辞》里的_____园日涉以成趣,门虽设而常关_____不一定是真的__常关家门__,而是指_____,抒发_____。

【小结】什么是辞,什么是传?

传是传记。辞是介乎于文和诗之间的一种文体。

"辞"长于言情,偏重于抒怀言志;

"传"长于写实,偏重于状物叙事。

——戎椿年《〈归去来兮辞〉三题》

【设计意图】引导学生对比两篇文章,从物象中感受陶渊明生活和诗意的两种表达,以"酒""松菊""三径""门"等作示范解读,为下文自由讨论打下基础。

(二)请大家讨论《归去来兮辞》正文部分,还有哪些句子的描写看起来偏于实写,实际上背后可能是在抒发情感的? 并且说说这些句子表达了怎样的情感。

《归去来兮辞》里的_____不一定是真的_____,而是指_____,抒发_____。

【小结】

《五柳先生传(节选)》是现实世界,是写实的、日常剪影式的生活化表达。

《归去》是__内心__世界,是__抒情__的、是__田园牧歌__式的诗意化表达。

若即若离,似真似假,是诗意化的表达,也是文学描写的最高境界。

【设计意图】自由讨论文章中诗意化表达的句子,加深对陶渊明诗意化表达的理解,感受陶渊明归园之后畅快、舒适的心情。

任务二:理解与感悟——"辞"与"传"中的哲学化表达

刚刚我们探讨了《五柳》《归去》中生活化和诗意化的两重表达,那么这两篇文章是否还有其他表达呢?

(一)这段话中,有没有五柳先生的影子? 哪些句子让你想到了五柳先生?

善万物之得时,感吾生之行休。已矣乎! 寓形宇内复几时? 曷不委心任去留? 胡为乎遑遑欲何之? 富贵非吾愿,帝乡不可期。怀良辰以孤往,或植杖而耘耔。登东皋以舒啸,临清流而赋诗。聊乘化以归尽,乐夫天命复奚疑!

【小结】其实《归去》中有《五柳》的影子,《五柳》也可以印证《归去》,说明辞和传表达了陶渊明一以贯之的一种任性自然的生命状态。

(二)老师分享自身体验生命意义的经验,引导学生哲学化表达。

你是否也曾和我一样害怕死亡? 你是否也曾经历过某人的离去而质疑生命的意义? 你是否也会被陶渊明的句子触动? 请大家借用《五柳先生传》《归去来兮辞》里的句子,写一段话送给一个人,表达你对生命的思考。

我想对＿＿＿＿＿＿＿＿＿＿说:＿＿＿(要求有陶渊明原句的引用)＿＿＿。

四、课堂总结

《五柳》《归去》是理趣的、是不失此生式的哲学化表达,《归去》是内心世界,是抒情的、是田园牧歌式的诗意化表达。《五柳》是现实世界,是写实的、日常剪影式的生活化表达。诗人从日常生活里走来,在田园诗意里获得"审美慰藉",最终在哲学追问里安放灵魂。融合《五柳先生传》和《归去来兮辞》中的句子,找出他们共同传递出的生命状态和生命意识,用亲身经历的讲述减弱学生与死亡这个哲学话题之间的隔阂,引导学生对生命的意义进行思考,引导学生进行哲学化的书面表达。

(李圣宇)

辞与传:陶渊明人生的三重言语表达

形象设喻 巧妙说理

——《种树郭橐驼传》学习任务群设计

一、学习目标

1. 把握郭橐驼的人物形象。
2. 领会"顺木之天"和"植木之性"之间的关系。
3. 体会本文的章法之妙及郭橐驼的说理艺术。

二、课堂导入

同学们,高考议论文写作讲究形象说理,很多同学总不得其法,于是,到书店,上淘宝,购买了大量的作文秘籍,殊不知,课内就有这样一篇精妙的文章呢,今天,老师就带领大家一起来学习一篇隐喻的佳作——柳宗元的《种树郭橐驼传》。

三、任务设计

任务一:细读文本 把握形象

1. 同学们,在蚂蚁森林种过树吗? 蚂蚁森林要聘请一位形象大使,有人推荐了郭橐驼,你支持吗? 让我们一起朗读课文第一、二段,说说你支持或者反对的理由。

【提示】"隆然伏行"见出橐驼外形之丑;"甚善,名我固当""因舍其名,亦自谓橐驼云"可见郭橐驼形象朴实,性格豁达随和;"无不活,且硕茂,早实以蕃"又见其技艺高超。

2. 人物传记一般以正面描写为主,一、二段中有哪几处脱离的传记的传统写作模式?

【提示】通过对乡人、长安豪富人、他植者的描写,侧面衬托出郭橐驼的人物形象。

任务二:探究文本　体会章法

橐驼成为形象大使之后,粉丝更多了,但他依旧耐心,对人们的问题都给予详细的回答。然而我们细读文本发现,文章第四段的开头——问者曰:"以子之道,移之官理,可乎?"——是有明确的提问内容的,为什么第三段开头"有问之",却不明说所问之话呢?

活动1:请用文言补写"有问之以_____"。

【提示】本题需要建立在对第三段文本细读的基础上,主要目的在于训练学生提取、概括语段信息及文言运用的能力。

依据郭橐驼与他植者的行为对比,可以拟出"有问之以莫能如也"的答案,既含蓄蕴藉,又能照应前文,使文意连贯承接。

依据郭橐驼对植木技艺的介绍,可以拟出"有问之以植木之术"的答案,虽然照应后文"吾问养树,得养人术",但是"他植者"的内容似乎存在衔接上罅隙。

依据语义的承接关系,可以拟出"有问之故"的答案,"故"字虽然具有极强的概括性,但是又偏笼统含混,不得很好地勾连下文。

活动2:"有问之"省略了主语,依据前后文来看,是谁在问呢?

【提示】乡人问之不妥,因为乡人指涉范围太大,给他取名橐驼的人多半缺少对他植树技艺的尊敬;他植者也不可能,否则郭橐驼在第三段文字中不称"你们"却称"他植者"怎么解释? 所以问者极可能是长安豪富人。

从第五段来看,"问者曰:'嘻,不亦善夫! 吾问养树,得养人术。'"问者还可能是"养人之人",是为官当政者。

有同学也说,第三段的问者和第四段的问者未必同一。

还有同学说,"问者曰"不应该有主语,因为《赤壁赋》中的客的塑造最主要的目的是"问答体"的需要。柳宗元的写作目的不过借郭橐驼之口来讽喻现实。

任务三：比较阅读 探究说理

活动1：郭橐驼介绍自己植木之术和分析他植者植树之法采用的策略相同吗？请同学们结合第三段文本仔细辨析。

【提示】①郭橐驼介绍自己植木之术采用的是"总－分－总"结构，"顺木之天，以致其性"总写植树的策略，然后对"性"用6个"其"字引领的句子具体阐释，最后又以两个"不……非……"的句式提炼植树之术的方法为"不害其长""不抑耗其实"。

他植者却不然，郭橐驼采用的是"分－总"结构，先陈列他植者的具体表现，使用更多的是"而""则""虽"等表示转折的虚词，最后以"木之性日以离"来做总结。

"总—分—总"结构显得完整充分，有利于正面阐述，能使论证更详尽，到位，深刻；"分—总"结构在本文中似乎含有贬抑成分，能表达出郭橐驼对他植者错误方法的否定态度。

②郭橐驼在阐述自身植木之术和官理的时候善用否定句式和疑问句式，对他植者的陈述多用肯定句式。如"橐驼非能使木寿且孳也""故吾不害其长而已，非有能硕茂之也""不抑耗其实而已，非有能早而蕃之也""吾又何能为哉！""我知种树而已，官理，非吾业也""则与吾业者其亦有类乎？"。

用否定句式，似贬实褒，表明自己植树并非有奇方妙计，更凸显"顺木之天"的重要性，有力地为第四段"养人之术"的论述张本。当然，从反面有力地衬托出"长人者"苛政扰民的罪恶。

他植者和"长人者"是同一类人，历数罪状适合正面阐述，直陈其弊；不含蓄隐晦，不拐弯抹角。这既能看出为政者带来的滋扰让百姓"病且怠"，又能唤起读者的深切共鸣。

③郭橐驼对自身的论述具有平面性，对他植者的论述却曲折有致。

教学者容易把前者作为教学重点，其实"他植者"才是文本核心。"根拳而土易，其培之也，若不过焉则不及"是正面阐述，"苟有能反是者，则又爱之太恩，忧之太勤，旦视而暮抚，已去而复顾"是反面阐述，"甚者爪其肤以验其生枯，摇其本以观其疏密"是递进阐述，"虽曰爱之，其实害之；虽曰忧之，其实仇之"是表里阐述，"故不我若也"是对比阐述。

寓言体重隐喻和讽喻。"长人者"之恶是本文现实针对性的重要表现,因此,对"他植者"的论证就需要形象、具体、详尽,才能达到隐喻和讽喻的目的。

活动2:同学们仔细阅读第四自然段,思考,第四段应该如何朗读呢?

【提示】第四段的说理艺术重在说理节奏的安排,这个节奏体现音节和语气的多变上,作者的情感包蕴在郭橐驼的语气声色里。

"我知种树而已,官理,非吾业也"是抑,似乎欲言又止;"然吾居乡,见长人者好烦其令,若甚怜焉,而卒以祸"是顿,是欲止又言;"官命促尔耕,勖尔植,督尔获,早缫而绪,早织而缕,字而幼孩,遂而鸡豚。鸣鼓而聚之,击木而召之。吾小人辍飧饔以劳吏者,且不得暇,又何以蕃吾生而安吾性耶?故病且怠"是扬,是情感宣泄,是排山倒海、一发而不可收之势;"若是,则与吾业者其亦有类乎?"是挫、收,是照应植木之术。

第四段的节奏就在于"抑扬顿挫""起承转合",所以,说理艺术尽包含在声气相合中。

四、课堂总结

《种树郭橐驼传》是一篇寓言体传记,为什么传记色彩不鲜明,为什么人物事迹不典型,就是由柳宗元"文章合为时而著"的创作态度决定的。所以,本文"因体而教"往往容易不得"体"而谬以千里。借郭橐驼之口来讽喻现实,借传记之名来行指摘之实,这是本文的创作动机。因此,说理的艺术应该是本文的教学重点,然而,本文"婉"而多讽,叙事说理似乎比较平淡,要深入阅读文本,方可探得一丝究竟呢!

(朱星期)

有情至深　无理而妙

——《登快阁》《临安骤雨初霁》学习任务群设计

一、教学目标

1. 预习过程中仔细研读《登快阁》《临安骤雨初霁》，了解两首诗的写作背景、作者生平。

2. 发现诗歌字面表达与实际情感中存在矛盾冲突之处，体会古人诗作中的无理之妙。

3. 掌握一定的朗读技巧，来呈现诗作中复杂而细腻的情感。

二、课堂导入

《登快阁》《临安骤雨初霁》两首诗，在题目中都给人以清新明快之感：一为"快阁"，据说游人登上此阁，放眼江山，景物清华，旷无边际，心"快"神怡，故此得名；一为"骤雨初霁"，指雨过天晴，形容困惑后一切明朗。但根据课文下的诗词解析，二者的情感与作品题目所呈现的情感似乎有所不同，这是为什么呢？

三、具体任务

任务一：朗读初探，感受诗歌带来的第一印象

1. 划分层次进行朗读，注意诵读时一般读成"二二二一"或"二二一二"节拍。

表1　朗读节奏

诗歌	朗读节奏划分
登快阁	痴儿 / 了却 / 公家 / 事,快阁 / 东西 / 倚 / 晚晴。 落木 / 千山 / 天 / 远大,澄江 / 一道 / 月 / 分明。 朱弦 / 已为 / 佳人 / 绝,青眼 / 聊因 / 美酒 / 横。 万里 / 归船 / 弄 / 长笛,此心 / 吾与 / 白鸥 / 盟。
临安骤雨初霁	世味 / 年来 / 薄 / 似纱,谁令 / 骑马 / 客 / 京华。 小楼 / 一夜 / 听 / 春雨,深巷 / 明朝 / 卖 / 杏花。 矮纸 / 斜行 / 闲 / 作草,晴窗 / 细乳 / 戏 / 分茶。 素衣 / 莫起 / 风尘 / 叹,犹及 / 清明 / 可 / 到家。

2. 请同学示范朗读,并谈谈自己这样处理的原因和技巧。

任务二:缘诗体情,分析"快"与"初霁"之乐

(一)请找出与题中的"快"相关的内容,谈谈在哪些方面体现出"快意"? 小组讨论《登快阁》并填写表格。

表2　"快意"分析

诗词中体现"快意"的内容	表达方式	表达的快意之情

1. 叙事显"快意"

首联:痴儿了却公家事,快阁东西倚晚晴。

孔子曰:"君子登高必赋。"古人可向上登者有山、楼、台、阁、亭,其精神基本一致,都是为了打破位居地面时的视野局限,获得穷通万里的审美体验。文人站在高楼处可以仰观天象、俯察地形,感受人生的种种怀想,驰骋抒发情思与胸襟。

当作者结束了一天繁忙劳累的公事,于黄昏登上楼阁远眺,自称"痴儿"的作者暂时获得了轻松和自由,自然而然地拥有了开阔、明快的心境,因此感到快意。

2. 绘景展"快意"

颔联:落木千山天远大,澄江一道月分明。

紧承首联的"倚晚晴"句,由近及远描绘了登阁所见的晚晴辽远阔大、空明澄澈之景,对自然的喜爱之情溢于言表。作者选取了"落木""千山""天""澄江""月"等意象,"千"与"一"的对比,营造了辽阔、疏朗的意境。

远望无数秋山,山上的落叶飘零了,浩渺的天空此时显得更加辽远阔大,澄净如玉的澄江在快阁亭下淙淙流过,一弯新月,映照在江水中,显得更加空明澄澈。这是诗人醉心于傍晚的自然美景,也是诗人胸襟怀抱的写照。

3. 直接抒"快意"

尾联:万里归船弄长笛,此心吾与白鸥盟。

与一般诗歌委婉曲折地抒情不同,本诗在尾联直抒胸臆,表达归欤之思,既是呼应首联"了却公家事"的解脱之意,也是挽合颔联歆羡自然的情愫,更是给颈联的愁绪找到了化解的良方。在诗歌的最后,作家表达愿将自己的胸怀借与白鸥结盟,卒章显志,收束全诗,畅快地抒发归去与自然天地、生灵融为一体的隐逸之志,圆融而自然。

(二)请找出与题中的"骤雨初霁"相关的内容,谈谈在哪些方面体现出雨后天晴的明快与闲情?填写好表格后小组交流讨论。

表3 "闲事"分析

雨中与雨后的"闲事"	用自己的语言描绘	表达的情感
一夜听春雨		
明朝卖杏花		
斜行闲作草		
细乳细分茶		

这首诗中谈到一种特殊的休闲方式,叫"分茶",那么什么是"分茶"呢?

明确:分茶这种游艺大约始于北宋初年。北宋初年,陶谷在《舛茗录》中已经说到一种叫"茶百戏"的游艺。他说:"茶至唐始盛,近世有下汤运匕,别施妙诀,使汤纹水脉成物象者。禽兽虫鱼花草之属,纤巧如画,但须臾即就散灭。此茶之变也,时人谓'茶百戏'。"

陶谷所述"茶百戏"便是后来的"分茶"了,玩法是一样的。玩时"碾茶为末,注之以汤,以筅击拂",此时,盏面上的汤纹水脉会幻变出种种图样,若出水云雾,状花鸟虫鱼,恰如一幅幅水墨图画,故也有"水丹青"之称。

如此具有闲情雅趣的活动中,体会到的情感自然是闲适、惬意的,但为何诗歌的首联却谈到"世味年来薄似纱"尾联又说"素衣莫起风尘叹"?看似矛盾之处其实是否背后另有隐情?

任务三:知人论世,分析诗作中"无理而妙"之处

1. 根据课前预习材料,结合两首诗的背景,试讨论诗歌中蕴含的别样感情。

表4　生平背景分析

作者	作者生平	作品背景
黄庭坚	字鲁直,号山谷道人,晚号涪翁,黔安居士。黄庭坚在诗、词、散文、书、画等方面取得很高成就。 1105 年,黄庭坚病逝,宋高宗追赠其为"龙图阁大学士"。1265 年,追赠黄庭坚谥号:文节。黄庭坚一生为官清正,治学严谨,以文坛宗师、孝廉楷模垂范千古。	宋神宗元丰四年至六年,黄庭坚在太和任知县。这首诗写在他就官第二年的秋天。太和,即今江西泰和县,赣江从城东向北流过。快阁,是当时县城上的东楼,濒江望山,是登临览胜的好去处。阁名是黄庭坚所起,并为后人所沿袭。据吴曾说,此诗原名《题太和县楼》。黄庭坚《送吕知常赴太和丞》说:"往寻佳境不知处,扫壁觅我题诗看。"南宋杨万里有《题太和宰卓士直寄新刻山谷快阁诗真迹》二首,其中说到"太史留题快阁诗,旧碑未必是真题"(《诚斋集》卷三九)。太史即黄庭坚。可见此诗原题于城楼墙壁之上。虽然不能知道快阁的命名是否与诗同时,而快阁之所以有名,正是由于此诗。

走向任务——基于任务驱动的高中语文选择性必修教学设计

作者	作者生平	作品背景
陆游	字务观,号放翁。南宋时越州山阴人,我国古代著名的爱国诗人。陆游一生可概括为:科举除名——绝恋沈园——载浮载沉——临终示儿。诗作今存九千多首,内容丰富,主要表现渴望恢复国家统一的爱国热情。著有《剑南诗稿》《渭南文集》。	《临安春雨初霁》是陆游六十二岁的作品,此时他已在家乡山阴(今浙江绍兴)赋闲了五年。诗人少年时的意气风发与壮年时的裘马轻狂,都随着岁月的流逝一去不返了。虽然他光复中原的壮志未衰,但对偏安一隅的南宋朝廷的软弱与黑暗,是日益见得明白了。陆游于淳熙五年(公元1178年)在蜀东归,在福建、江西、浙江一带做低级官吏。淳熙十三年(公元1186年)春,作者奉诏入京,接受严州知州的职务,赴任之前,先到临安(今浙江杭州)去觐见皇帝,住在西湖边上的客栈里听候召见,在百无聊赖中,写下了这首广泛传诵的名作。

2. 根据老师提供的几个角度,试分析两首诗作中与背景相关的"别样"感情。

(1)黄庭坚在《登快阁》中,为什么称自己为"痴儿"?

"痴儿"是作者自指。晋朝人以放达为高,以羁官为痴傻。故夏侯济在给友人傅咸的信中说:"生子痴,了官事,官事未易了也。"黄庭坚反用其意,自己办完了公事,才在傍晚时分登临"快阁"。

诗人为什么要以"痴儿"自比呢? 因为"痴儿"的含义既是对自己囿于官家事而不像他人洒脱不羁的自嘲,又有对自己重视责任、忠贞报国,不与昏庸族为伍的兀傲。"了却"二字,也乃反语,表达了作家看似敷衍,实则诚挚的心意——唯有完成一天的公家事务,拖着在朝堂周旋疲惫不堪的身子,唯有登上快阁方能拥有独自欣赏美景的时间,获得从一个世界逃避到另一个世界暂作喘息的机会。因此,一个"痴儿",便透露出作者孤高与无奈交织的复杂感情,作为诗歌发轫之句,其情感基调也就自然带上了愁苦的意味。

(2)《登快阁》中作者在登临远眺,览遍壮美景象时,为何联想起早已为佳人而断的"朱弦"和聊为美酒而横的"青眼"这样带有悲愤之情的意象和动作?

前句用伯牙摔琴谢知音的故事。《吕氏春秋·本味篇》载:"钟子期死,伯牙破琴绝弦,终身不复鼓琴,以为世无足复为鼓琴者。"后句用阮籍青白眼事。史载阮籍善为青白眼,"见礼俗之士,以白眼对之",见所悦之人,"乃见青眼"

（《晋书·阮籍传》）。因为知音不在，我不再弹奏，只有清樽美酒，聊以解忧。

此处"聊""横"二字，把诗人厌恶官场、欲求知音，无可奈何、孤独无聊的形象神情衬托了出来。

（3）"春雨初霁"，应是云开日出之明媚，作者此次来京亦是受职，也是喜事。可为何诗作首联便是"世味年来薄似纱"这等凄凉的意味？作者此次来京是做什么呢？

南宋朝廷不谋划收复失地，得过且过，官场上的习气一天天地坏下去，哪里还有什么正直的处世态度呢？在这样的环境里即使被授予官职也前途无望，因此诗人不提受职一事，而只说"谁让我到京城来做客呢"，流露出不得已而为之的无奈、悲哀之意。

（4）诗人春夜听雨，与杜甫的《春夜喜雨》"好雨知时节，当春乃发生。"有何不同？

陆游听雨听了整整"一夜"，暗示了诗人一夜未曾入睡，而宫中达官显贵多居"深巷"，忘却亡国之危，由此，绵绵春雨如愁人的思绪，与杜甫诗作中"润物细无声"默默奉献，滋养万物的春雨拥有了完全不一样的寄寓。国事家愁，伴着这雨声而涌上了眉间心头，正是用明媚的春光作为背景，与作者落寞的情怀构成了鲜明的对照。

3. 尝试寻找两首诗中其他不合常理、但与作者情理相合之处，并谈谈在其他作品中，是否观察到了这样的现象。

任务四：朗读两首诗作，注意把握如何体现作者复杂的情感
根据本节课的分析，聆听名家朗读，并尝试读出两首诗歌复杂而变化的情感。

四、课堂小结：

在文学中，无理和有情，常常成为一对统一的矛盾。所谓"无理"，乃是指违反一般的生活情况以及思维逻辑而言；所谓"妙"，则是指其通过这种似乎无理的描写，反而更深刻地表现人的感情。诗人、词人往往借由这一手法，表达凄苦心境，抒发悲愁情怀。今后同学们在阅读文学作品时，要学会透过那些看似不合理、有矛盾的表述，看到作者想要传递的真实情感。

（柴静媛）

有情至深　无理而妙

图书在版编目（CIP）数据

走向任务：基于任务驱动的高中语文选择性必修教
学设计 / 洪方煜主编. -- 北京：北京燕山出版社，
2023.5
ISBN 978-7-5402-6842-8

Ⅰ．①走… Ⅱ．①洪… Ⅲ．①中学语文课 - 教学设计
- 高中 Ⅳ．①G633.302

中国国家版本馆CIP数据核字（2023）第034632号

走向任务：基于任务驱动的高中语文选择性必修教学设计

编　　者	洪方煜　主编
责任编辑	王　迪
装帧设计	书道闻香
出版发行	北京燕山出版社有限公司
社　　址	北京市西城区椿树街道琉璃厂西街20号
电　　话	（010）65240430
邮政编码	100052
经　　销	全国新华书店
印　　刷	杭州万星印务有限公司
开　　本	710mm×1000mm　1/16
字　　数	182千字
印　　张	12.25
版　　次	2023年5月第1版
印　　次	2023年5月第1次印刷
书　　号	978-7-5402-6842-8
定　　价	39.00元